Gwladfa Kyffin

Kyffin in Patagonia

Hawlfraint

Lluniau a rhagymadrodd: Syr J. Kyffin Williams OBE, RA, PRCA
Ffotograffau o Amgueddfa Gaiman: Pamela Small
Cyhoeddiad: Llyfrgell Genedlaethol Cymru

ISBN *Clawr meddal:* 1 86225 046 4
Clawr caled: 1 86225 047 2

Mae Llyfrgell Genedlaethol Cymru yn dymuno diolch i Syr Kyffin Williams am ei gefnogaeth ar bob cam o gynhyrchiad y llyfr hwn. Ysbrydolwyd cyhoeddi'r gyfrol hon sy'n trafod ei gynnyrch ym Mhatagonia gan ei garedigrwydd dechreuol yn cyflwyno casgliad mawr o'i ddyluniadau o Batagonia yn rhodd yn ogystal â rhoddion diweddarach o luniau olew. Mae'r Llyfrgell yn dymuno diolch i bawb sydd wedi cynorthwyo gyda'r prosiect hwn, gan gynnwys: Lona Mason, Will Troughton, Mike Francis, Jaimie Wardle, Eirionedd Baskerville, Ann Ffrancon, Einion Dafydd, Elvey MacDonald, Ceris Gruffudd, Gareth Lloyd Hughes, Mark Davey, Ieuan Andrew Davies, James Andrew Davies a Paul James. Cyflwynir diolch arbennig i bawb sydd wedi rhoi caniatâd i'w lluniau gael eu cynnwys yn y gyfrol gan gynnwys perchnogion preifat ac i Oliver Fairclough a Tim Egan o staff Amgueddfa Genedlaethol Cymru a David Pryse Lloyd o Oriel Castell Pictwn.

Golygydd: Paul Joyner
Testun Cymraeg: Dafydd Ifans
Cynllunio: Olwen Fowler
Argraffu: Argraffwyr Cambria
Cyhoeddwyd gyntaf Hydref 2004

Lluniau'r clawr

Clawr blaen: Los Altares (LLGC) 200202405
Clawr cefn: Yr arlunydd o flaen ei ddarlun o Henry Roberts, Bryngwyn, tynnwyd Mai 2004 gan Gareth Lloyd Hughes.

Copyright

Pictures and introduction: Sir J. Kyffin Williams OBE, RA, PRCA
Photographs of Gaiman Museum: Pamela Small
Publication: The National Library of Wales

ISBN *Softback:* 1 86225 046 4
Hardback: 1 86225 047 2

The National Library of Wales wishes to thank Sir Kyffin Williams for his support at every stage of the production of this volume. His initial generosity, donating a large collection of his Patagonian drawings and subsequent gifts of oil paintings, were the inspiration for publishing a book dedicated to his Patagonian work. The Library wishes to thank all those who have helped on this project: these include Lona Mason, Will Troughton, Mike Francis, Jaimie Wardle, Eirionedd Baskerville, Ann Ffrancon, Einion Dafydd, Elvey MacDonald, Ceris Gruffudd, Gareth Lloyd Hughes, Mark Davey, Ieuan Andrew Davies, James Andrew Davies and Paul James. Special thanks to all those who have given permission for their pictures to be included in the volume especially private owners, and to Oliver Fairclough and Tim Egan of the National Museum of Wales and David Pryse Lloyd of Picton Castle.

Editor: Paul Joyner
Welsh version: Dafydd Ifans
Design: Olwen Fowler
Printing: Cambrian Printers
First published October 2004

Cover images

Front cover: Los Altares (NLW) 200202405
Back cover: The artist in front of his painting of Henry Roberts, Bryngwyn, photographed in May 2004 by Gareth Lloyd Hughes.

LLGC NLW
Llyfrgell Genedlaethol Cymru
The National Library of Wales

Noddir gan Lywodraeth Cynulliad Cymru
Sponsored by Welsh Assembly Government

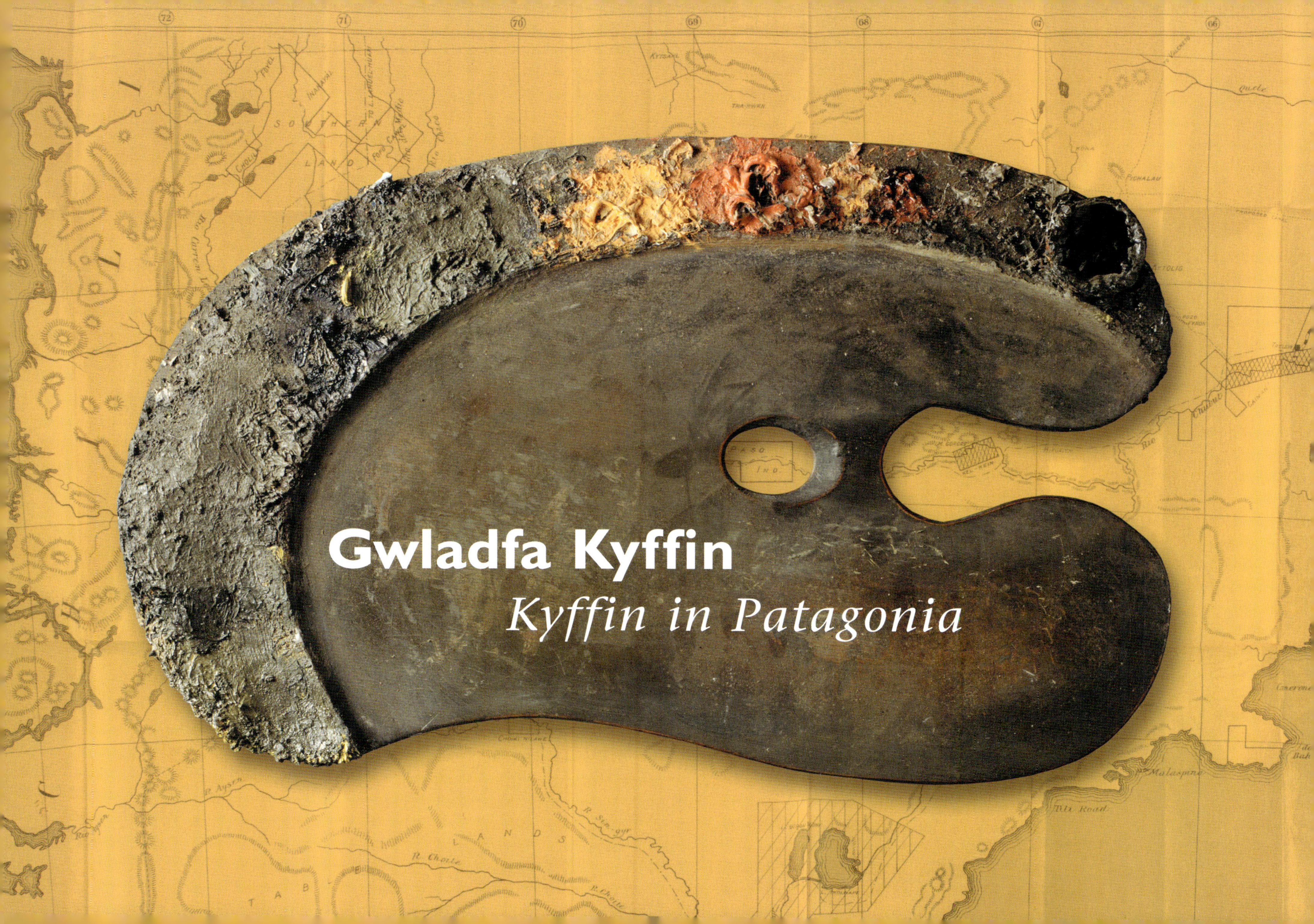

Gwladfa Kyffin

Kyffin in Patagonia

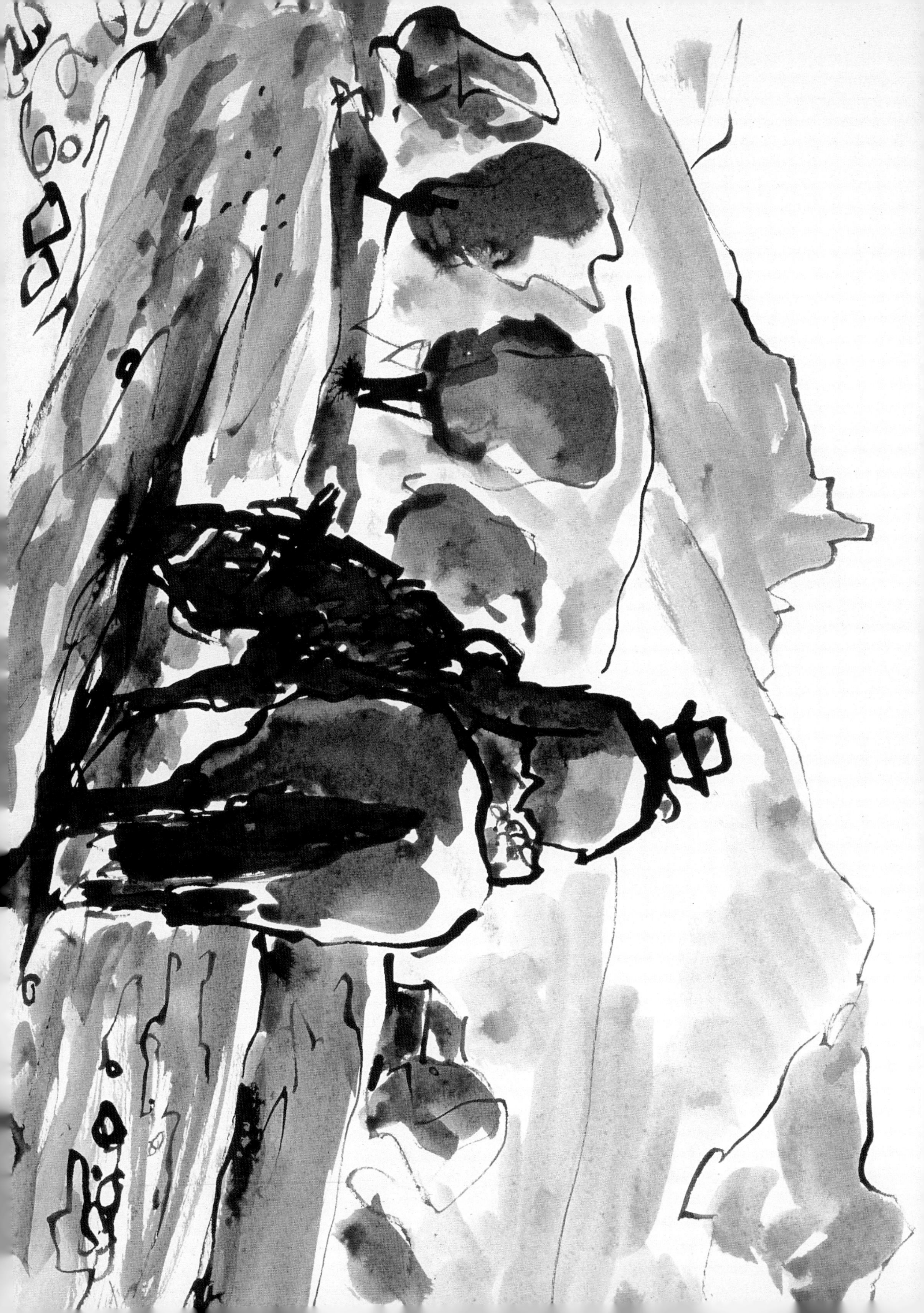

Cynnwys | Contents

Rhagair

Pleser o'r mwyaf yw cyflwyno'r llyfr hwn o luniau o Batagonia gan Syr Kyffin Williams.

Bu Syr Kyffin yn arbennig o hael tuag at y Llyfrgell dros flynyddoedd lawer. Gwelir ei haelioni yn amlwg iawn yn y casgliad hwnnw o luniau sy'n ymwneud â'r Wladfa, y rhan honno o Ariannin wladychwyd gyntaf gan y Cymry yn ystod y bedwaredd ganrif ar bymtheg. Mae gan Lyfrgell Genedlaethol Cymru gasgliad rhyfeddol o ddyfrlliwiau a dyluniadau gwreiddiol o'i eiddo, yn ogystal â nifer da o luniau olew a gynhyrchwyd ganddo ar ôl ei ymweliad yn 1968-9. Cyflwynwyd bron y cyfan ohonynt yn rhodd gan yr arlunydd. Mae'r Llyfrgell yn berchen ar gasgliadau helaeth o ddeunydd a grewyd gan deithwyr, ond mae'n sicr fod cofnod Syr Kyffin o'r Wladfa yn sefyll ysgwydd yn ysgwydd â'r goreuon o drysorau diweddar y genedl.

Mae Syr Kyffin yn enghraifft anghyffredin o arlunydd Cymreig sydd wedi ei drwytho yn hanes ei hynafiaid. Mae ganddo'r ddawn i archwilio agweddau ar ein cymeriad cenedlaethol mewn ffordd na all neb ond y sawl sy'n perthyn i'n cenedl ei deall. Mae'r berthynas rhwng Cymru a'r Wladfa yn thema ffrwythlon iawn iddo. Mae'n medru dirnad agweddau lawer ar fywyd y wlad bellennig honno sy'n adlewyrchu cariad a pharch y bobl tuag at Gymru. Mae'n ein hannog yn addfwyn i ailystyried ein hymateb i boblogaeth ddwyieithog lle mae'r Gymraeg a'r Sbaeneg yn cyd-fyw'n ddedwydd.

Teyrnged fechan yw'r gyfrol hon i gamp un o'n harlunwyr mwyaf, artist sy'n meddu ar y ddawn i roi egni bywyd a'i lawenydd yn ei ddewis destun. Fe gyflwynir tirlun dieithr ganddo yn ei arddull gyfarwydd ei hun. Fe'n cynorthwyir ganddo i weld bod Cymru a'r Wladfa yn rhan o'r un diwylliant cyffredin, p'un ai ein bod wedi ymweld â'r wlad honno ai peidio.

Foreword

It is a great pleasure to introduce this book on Sir Kyffin Williams's Patagonian pictures.

Sir Kyffin has been particularly generous to the Library over many years. Nowhere is that generosity more clearly seen than in his works relating to Y Wladfa, that part of Argentina settled by Welsh colonists in the nineteenth century. The National Library of Wales has a remarkable collection of his original watercolours and drawings and a good number of oil paintings produced after his visit in 1968-9. Almost all of them were donated by the artist. The Library has large collections of material created by travellers, but Sir Kyffin's record of Y Wladfa ranks among the finest of the nation's recent treasures.

Sir Kyffin is an outstanding example of a Welsh artist steeped in his ancestry. He is able to explore aspects of our national character in a way that only someone who belongs could begin to understand. The relationship between Wales and Y Wladfa is a fruitful theme for him. He is able to perceive the many aspects of life in that far-off land that reflect the people's love and esteem for Wales. He gently encourages us to rethink our own reaction to a bilingual population where Spanish and Welsh happily coexist.

This volume is a small tribute to the achievement of one of our greatest artists, an artist who has the gift of enlivening his chosen subject with joy. He presents a strange landscape with his familiar style. He helps us to see that Y Wladfa and Wales are part of a collective heritage, whether we have visited that land or not.

I

Yn gynnar yn y flwyddyn 1968 fe gynigiais am ysgoloriaeth gan Ymddiriedolaeth Goffa Winston Churchill er mwyn ymweld â'm cydwladwyr ym Mhatagonia bell, Gwladfa breuddwydion y sylfaenwyr. Dywedais wrth y pwyllgor dewis y byddwn yn llogi dau geffyl yn Nyffryn Camwy er mwyn marchogaeth y pedwar can milltir dros y paith tuag at yr Andes pellennig a'r gymuned Gymreig yng Nghwm Hyfryd. Mae'n rhaid eu bod wedi credu y byddai'r syniad hwn wedi plesio Syr Winston gan imi dderbyn eu cymrodoriaeth. Gwahanol iawn fu hi mewn gwirionedd, oherwydd pan holais i yn Nhrelew ymhle y buaswn yn medru dod o hyd i geffylau, syllodd y bobl arnaf mewn anghrediniaeth gan awgrymu y byddwn, pe bawn yn mentro ar y fath antur fyrbwyll, yn sicr o golli fy ffordd ac y deuid o hyd i'm corff o bosibl rywbryd yn ystod yr hanner canrif dilynol.

Deuthum i'r casgliad, felly, fy mod wedi ennill fy nghymrodoriaeth yn rhannol trwy dwyll, er bod fy mwriad i gofnodi pobl, tirwedd, anifeiliaid a phlanhigion y Wladfa yn fwriad gwirioneddol gennyf. Mae fy atgofion o'r ymweliad hwnnw yn dal mor glir fel y gallaf, ddeng mlynedd ar hugain yn ddiweddarach, droi fy set deledu bersonol ymlaen a'i weld i gyd unwaith eto. Gwelaf y Cymry, y mynyddoedd a'r dyffrynnoedd, yr afonydd a'r poplys, yr helyg wylofus, y tarenni pinc a melyn, y ffyrdd trol a'r llwch a'r gwynt parhaus a gynhyrchwyd naill ai yn Ne Affrica neu Seland Newydd, yn cydgyfarfod ym Mhatagonia.

Peth ardderchog yw'r cof ac yr wyf i'n ffodus iawn o gael cof da. Mae gennym i gyd ein pwcedi atgofion ar gyfer arllwys profiadau bywyd iddynt o'n cyfnodau cynharaf. Mae'r atgofion cynnar yn disgyn i waelod y bwced lle y cedwir hwy yn ddiogel, ac yna yn ddiweddarach mewn bywyd y mae'n llenwi i'r fath raddau nes bod rhai ohonynt yn disgyn dros yr ymylon i ebargofiant. A minnau'n bump a phedwar ugain oed rwy'n canfod bod yna ddigon o le ar ôl o hyd i bopeth.

Fe gofiaf garedigrwydd y bobl tra fwyf byw: rhywbeth heb fod wedi ei ysgaru'n llwyr oddi wrth chwilfrydedd, oherwydd yr oedd ymweliad gan arlunydd o Gymru bell yn ddigwyddiad anghyffredin. Yr oeddent yn rhyfeddu bod Cymro yn medru siarad Cymraeg cyn saled ac nad oeddwn yn edrych yn arbennig o Gymreig. Yn wir, teimlwn imi ddatblygu'n rhyw fath o gywreinbeth, teimlad a ddaeth yn fwy gwir wrth imi ddychwelyd i bentref Gaiman wedi ymweliad byr â Thierra del Fuego, pan ddywedwyd wrthyf i'r wobr gyntaf mewn cystadleuaeth gwisg ffansi mewn carnifal gael ei hennill gan ddyn a oedd wedi ffugio ei fod yn artist o'r enw Kyffin Williams.

Wrth imi symud o fferm i fferm fe neilltuid yr ystafell wely orau ar fy nghyfer a phan euthum i aros gyda Henry ac Eifiona Roberts ym Mryn Gwyn fe drosglwyddwyd y tŷ imi tra cysgent hwy rywle oddi allan ar fuarth y fferm. Nid fi yn unig a fanteisiodd ar eu caredigrwydd naturiol,

Early in 1968 I had applied to the Winston Churchill Memorial Trust for a grant to visit my fellow countrymen in far off Patagonia, Y Wladfa of their dreams. I told their Committee that I would hire two horses in Dyffryn Camwy and would ride the four hundred miles across the desert towards the distant Andes and the Welsh community in Cwm Hyfryd. This, they must have believed, was an idea of which Sir Winston would have approved and consequently I received their Fellowship. It all turned out so differently for when I enquired in the town of Trelew as to where I might find the horses, the people gazed at me with incredulity suggesting that, were I to embark on such a foolhardy adventure, I would certainly lose my way and that my body might be found sometime in the next fifty years.

So I realized that I had won my fellowship partly under false pretences although my idea of recording the people, the land, the fauna and flora of Y Wladfa was still very much in my mind. My memories of that visit are still so vivid that, over thirty years later, I can turn on my own personal television set and see it all again. I see the Welsh people, the mountains and the valleys, the rivers and the poplars, the weeping willows, the pink and yellow escarpments, the dirt roads and the dust and the continual wind, that generated in either South Africa or New Zealand, seemed to meet in Patagonia.

Memory is a wonderful thing and I am lucky to have a good one. We all have our own memorial buckets into which the experiences of our lives are cast from an early age. The earliest fall to the bottom of the bucket and there they are kept secure, while late in life it becomes so full that things are apt to flop over the edges and get forgotten. At the age of eighty-five I find there is still room for everything.

I will always remember the kindness of the people: something perhaps that was not entirely divorced from curiosity, for a visit by an artist from far away Wales was an unusual occurance. They were amazed that a Welshman could speak such bad Welsh and I didn't look particularly Welsh: indeed I felt that I had become some sort of a curiosity myself, a feeling that gained some credence when, on my return to the village of Gaiman after a brief visit to Tierra del Fuego, I was told that the first prize in their Carnival Fancy Dress competition was won by a man who had masqueraded as an artist called Kyffin Williams.

As I moved from farm to farm the best bedroom was put aside for me and when I went to stay with Henry and Eifiona Roberts at Bryn Gwyn they left the house to me and slept somewhere in the barnyard outside. I was not the only one to benefit from their oherwydd pan ddaeth Henry â pharot anhwylus i mewn, un a ddarganfu yn y caeau wedi iddo fod yn ysbeilio'r cnydau, daeth ag ef yn ôl i'w fferm i'w ymgeleddu nes ei fod yn ddigon iach i ddychwelyd i ddifrodi mwy ar ei gaeau.

Derbyniais letygarwch a chefais fy mwydo mewn llawer o gartrefi a ffermydd Dyffryn Camwy. Gofalodd Tegai Roberts a'i chwaer, Luned Roberts de Gonzales, gorwyresau Lewis Jones, sef arweinydd y garfan gyntaf i wladychu'r tir, ar fy ôl yn y Gaiman, fel y gwnaeth Albina Jones de Zampini a'i gŵr, Rubio. Cefais fy nghroesawu gan Bob Williams Martha, perchennog y Roperia; fe'i hadwaenid wrth yr enw ychwanegol Martha er mwyn medru gwahaniaethu rhyngddo ef a Bob Williams arall a oedd â gwraig o'r enw Matilda. Roedd Bob Williams Martha yn ŵr golygus a ddaethai'n wreiddiol o Ddolwyddelan ac a edrychai'n drawiadol o debyg i Syr Clough Williams-Ellis.

Ar wahân i'r gwynt cyson mae'r Wladfa yn lle tawel a'r unig sŵn sy'n torri ar draws pethau yw'r sŵn a gynhyrchir gan uchelseinyddion ar ben polion teligraff yn bloeddio eu miwsig cras bob gyda'r nos. Dywedodd Kenny Evans, ffermwr o Drofa Dulog wrthyf mai'r gwahaniaeth rhwng y Sbaenwyr a'r Cymry oedd "eu bod nhw yn caru sŵn a'n bod ni yn caru tawelwch".

Canfûm fod y capeli bach ym mhob ardal yn ynysoedd Cymraeg yng nghefnfor anferth De America. Rhuai'r gwyntoedd o'u cwmpas gan guro ar y ffenestri, ond oddi mewn bron na allai'r bobl fod ym Mlaenau Ffestiniog neu Dregaron.

Cofiaf deimlo Cymreictod y rheini nad oedd erioed wedi gweld gwlad eu hynafiaid. Cerddwn ar hyd ffordd drol dan y clogwyni yn Lle Cul. Torrwyd ar y tawelwch gan gi a chanddo gyfarthiad dig, a chafodd eu geryddu gyda 'Paid' yr un mor ddicllon. Ymddangosodd ffermwr ifanc o fuarth ei fferm a gofyn imi yfed *mate* gydag ef. Galwodd yn y tŷ ac ymunodd ei dad a'i fam â ni i eistedd dan helygen wylofus anferth ac i siarad am Gymru. Cerddodd yr hynaf o'r ddau ddyn yn ôl at y tŷ a dychwelodd gyda ffotograff o Gymro enwog o ganol y bedwaredd ganrif ar bymtheg. "Ac ydych chi'n adnabod hwn?" gofynnodd. Yr oedd fy anwybodaeth yn ei flino. "Chlywsoch chi ddim am y Bryn Evans enwog o Aberteifi, y pregethwr enwog?" Gofidiai am hyn wrth i'r gwartheg frefu ac wrth i'r parotiaid sgrechian o'r creigiau y tu ôl i'r fferm.

Daethai Glyn Ceiriog Hughes i gyfarfod â mi pan gyrhaeddais faes awyr Trelew. Roeddwn wedi hedfan dros anialwch diddiwedd Patagonia ac wedi glanio ar ddiwrnod diflas a gwyntog ar gae o flaen ychydig o gytiau blêr lle cysgodai ychydig ddynion y tu cefn iddynt. Daeth un ohonynt, gŵr tenau, gwydn yr olwg, o'u plith a cherdded tuag ataf. "Kyffin Williams?" gofynnodd. Atebais innau mai dyna pwy oeddwn. "Glyn Ceiriog Hughes, croeso i Batagonia" a theimlais fod y cytiau, y glaw mân a'r atgofion am y tir yr oeddwn newydd hedfan drosto, yn fy llenwi ag anesmwythyd. Gyrrodd Glyn fi yn y car i mewn i Drelew, heibio i gytiau Indiaid a ffyrdd heb wyneb iddynt gan aros y tu allan i fwyty bach yn dwyn yr enw *Restaurante Patagónico*; cawsom groeso gan y perchennog, Sturdee Rogers, a ddywedodd wrthyf iddo gael ei enwi ar ôl buddugwr brwydr Ynysoedd y Falkland. Yr oedd ei deulu yn wladgarol iawn, bu ganddo ewythr Inkerman a dwy fodryb o'r enw natural kindness, Henry brought in a sick parrot he had found in the fields that it had been plundering. He brought it back to his farm to nurse - until it was well enough to return to devastate more of his fields.

I was entertained and fed in many of the houses and farms in Dyffryn Camwy. Tegai Roberts and her sister Luned Roberts de Gonzalez, the great-grand-daughters of Lewis Jones who was the leader of the original party that colonised the land, looked after me in Gaiman as did Albina Jones de Zampini and her husband, Rubio. I was welcomed by Bob Williams Martha who owned the Roperia who went by the post-fix Martha so as to be distinguished from another Bob Williams whose wife was named Matilda. Bob Williams Martha was a fine looking man who had come originally from Dolwyddelan and bore a striking resemblance to Sir Clough Williams-Ellis.

Apart from the constant wind, Y Wladfa is a quiet place and the only noise that shatters the land comes from the loudspeakers on top of the telegraph poles that roar out music every evening. Kenny Evans, a farmer from Drofa Dulog, told me that the difference between the Spanish and the Welsh was that "they love noise and we love the quiet".

I found that the small chapels in every *ardal* were Welsh islands in the gigantic ocean of South America. The winds roared around them and beat at the windows while inside the people might as well have been in Blaenau Ffestiniog or Tregaron.

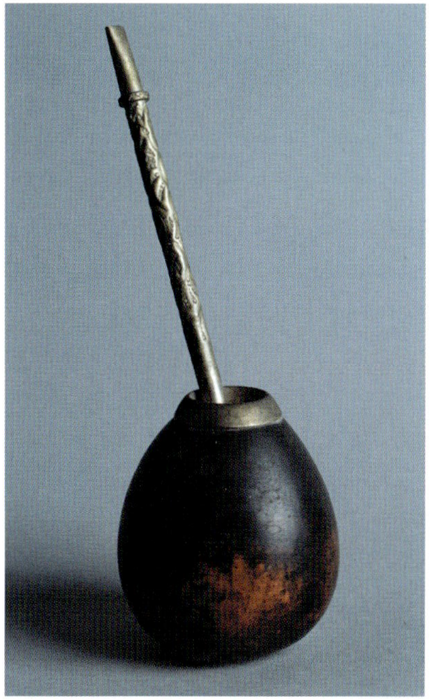

Gowrd *mate* a *bombilla*

A mate *gourd* *with* bombilla

I remember feeling the Welshness of those who had never seen the land of their ancestors. I walked along a dirt road under the cliffs at Lle Cul. A dog broke the silence with an angry bark and was admonished with an equally angry *"Paid"*. A young farmer emerged from the yard of his farm and asked me to drink *mate* with him. He called to the house and his father and mother joined us to sit under a huge weeping willow and to talk about Wales. The older man walked back to the house and returned with the photograph of a Welsh worthy of the mid nineteenth century. "And do you know him?" he asked. My ignorance worried him. Had I not heard of the famous Bryn Evans from Cardigan, the famous preacher. He worried about this as the cows mooed and the parrots screamed from the cliffs behind the farm.

Alma a Balaclava. Yn y *Restaurante Patagónico*, wedi fy atgyfnerthu gan stecen o law Sturdee, dechreuais deimlo'n llai pryderus.

Daeth Glyn Ceiriog yn arweinydd gwybodus a brwdfrydig imi. Aeth â mi o gwmpas yr holl ardaloedd, fe'm cyflwynodd i ffermwyr yn y dyffryn ac enwodd rai o'r adar a'r anifeiliaid a oedd yn byw yno: yr *urraca* sy'n debyg iawn i'r cigydd coch ac sy'n dwyn y ffrwythau o'r ffermydd, a *benteveo* a'r *tero-tero* math arbennig o gornchwiglen a ychwanegai ei sgrechiadau at ubain y gwynt. Cefais fy nghyfareddu gan un o deulu'r llygod a elwid yn *tucu tucu*, un a oedd yn medru symud mor gyflym tuag yn ôl ag y medrai symud ymlaen; gan y lama bach gwinau ei liw a elwir yn *guanaco*, a chan yr estrys bach Patagonaidd, rhea Darwin. Ni welais i lwynogod y paith na'r armadilod, ond gwelais eu cyrff ger y clogwyni yn Lle Cul.

Mae gennyf gynifer o atgofion o Ddyffryn Camwy a'i ffermydd bychain yn cysgodi wrth goed poplys a chloddiau o'r grugwydd, yn werddonau mewn gwlad greulon. Y cof sydd gennyf o liw'r dyffryn yw gwawr o liw melyn. Yr oedd llawer o'r adar, rhai fel yr *urraca* a'r *benteveo*, yn felyn ac yr oedd y llwyni a dyfai yn yr anialwch uwchlaw y clogwyni yn felyn hefyd tra bod y clogwyni uwchben y dyffryn yn lliw hufen. Lliwiau cynnes yw melyn a hufen a dyna oedd natur y croeso a dderbyniais gan bobl Dyffryn Camwy.

Ceisiais gofnodi'r tirwedd â phensil, inc, a dyfrlliw ond buan y sylweddolais fod inc yn gyfrwng rhy galed, oherwydd yr oedd yna ryw ysgafnder yn y golau a'm gorfodai i ddefnyddio dyfrlliw. Gan fy mod yn bwriadu trosi fy lluniau i fod yn lluniau olew yn Llundain, fe ychwanegais nodiadau mewn pensil arnynt, yn Saesneg i ddechrau ac yn ddiweddarach, wrth imi siarad mwy o Gymraeg, yr yr iaith honno hefyd.

Ceisiais dynnu llun popeth gan fod popeth yn newydd imi. Yr oedd yn sialens gynhyrfus ac yr oeddwn yn benderfynol o ennill y frwydr. Yn union cyn y Nadolig gadewais y dyffryn er mwyn ymweld â Chwm Hyfryd ac Andes Patagonia. Un bore wrth i'r haul godi aeth Rubio ac Albina Zampini â mi i'r stryd fawr i ddal y bws i Esquel. Cofiaf am y Gaiman fel pentref hapus, twymgalon, yn gysurus yn ei Gymreictod a chyda diwylliant a ddeilliai o bellter mawr.

Wrth i'r hen fws Mercedes ysgwyd a gwegian ei ffordd tua'r gorllewin i'r Andes fe sylweddolais pa mor anymarferol oedd fy syniad o farchogaeth ar draws yr anialdir hwn. O'm sedd ar y bws ceisiais dynnu lluniau a gwneud nodiadau penagored am natur y diffeithwch o gribau ceiliog o graig, yn binc a melyn, a ymddangosai yn y tirlun fel sy'n gyffredin yn Arizona neu Nevada. Hwn oedd tir y Tehuelche tal, a'r Indiaid bach ymosodol, yr Araucano. Yr Araucano yn y diwedd a ddisodlodd y Tehuelche trwy ddwyn eu gwragedd. Wrth imi barhau i dynnu lluniau wrth deithio yn y bws fe gawn gur pen cynyddol, ac erbyn imi gyrraedd Esquel o'r diwedd a'r haul yn suddo y tu hwnt i'r Andes, prin y medrwn esbonio wrth y gyrrwr fy mod eisiau mynd i gartref Don Ambrosio Hughes, Cymro cefnog, cyfarwyddwr banc lleol a bridiwr defaid Merino llwyddiannus iawn.

Gyda gofid mawr y gwyliwyd fi'n cyrraedd eu cartref gan Don Ambrosio, a elwid yn Emrys gan bawb, a'i wraig Lottie, gan fod y boen yn fy mhen

Glyn Ceiriog Hughes had met me on my arrival at Trelew airfield. I had flown over the endless wilderness of Patagonia and had landed on a dreary windswept day on a field in front of a few ramshackle huts behind which a few men were sheltering. One of them, a spare and wiry man detached himself and came towards me, "Kyffin Williams?" he enquired. I told him that I was. "Glyn Ceiriog Hughes, welcome to Patagonia", and I felt that the shacks, the drizzle and the memory of the land over which I had flown only filled me with apprehension. Glyn drove me into the town of Trelew, past Indian huts and unmade roads to stop outside a small restaurant with the name *Restaurante Patagónico* and a welcome from its owner, Sturdee Rogers, who told me he had been named after the victor of the battle of the Falkland Islands, that his family was very patriotic and that he had had an uncle Inkerman and two aunts named Alma and Balaclava. In the *Restaurante Patagónico*, fortified by one of Sturdee's steaks, I began to feel less worried.

Glyn Ceiriog became my knowledgeable and enthusiastic guide. He took me round all the *ardaloedd*, introduced me to farmers in the valley and named some of birds and animals that lived there. The *urraca* that resembled a shrike and stole the fruit from the farms, the *benteveo* and the *tero-tero*, a spur-winged plover that added its screams to the wailing of the wind. I was fascinated by a rodent called *tucu tucu* that appeared to be able to move as fast backwards as it could forwards; by the small chestnut coloured llama know as the *guanaco* and Darwin's Rhea, a small Patagonian ostrich. I never saw the desert foxes or the armadillos but I saw their bodies near the cliffs at Lle Cul.

I have so many memories of Dyffryn Camwy and its small farms that sheltered by poplars and hedges of tamarisk were oases in a cruel land. My memory of the colour of the valley was of a shade of yellow. Many of the birds like the *urraca* and the *benteveo* were yellow and the bushes that grew in the desert above the cliffs were yellow while the cliffs above the valley were cream. Yellow and cream are warm colours and so had been my welcome from the people of Dyffryn Camwy.

I tried to record the land in pencil, ink and water-colour but soon realised the ink was too hard a medium, for there was a subtlety in the light that made me use water-colour. As I knew I was to translate my drawings into oils in London, I added pencil notes to them, in English at first and later as I spoke more Welsh, in that language as well.

I tried to draw everything, as everything was new to me. It was an exciting challenge and I was determined to win the battle.

Just before Christmas I left the valley to visit Cwm Hyfryd and the Patagonian Andes. One morning as the sun was rising, Rubio and Albina Zampini took me to the main street to catch the bus for Esquel. My memories of Gaiman are of a happy, warm-hearted village content in its Welshness and a culture that came from so far away.

As the old Mercedes bus shook and rattled its way westwards to the Andes I realised how futile had been my idea of riding across this gymaint fel mai prin y medrwn siarad. Rhoddwyd dwy asbrin imi a'm rhoi yn y gwely mewn sied yn yr ardd lle y cysgais yn drwm a deffro'n ŵr heini.

Y peth cyntaf y bu'n rhaid imi ei wneud oedd cyfieithu'r brasluniau garw yr oeddwn wedi eu llunio yn y bws rhwyfus i ffurf lluniau mwy caboledig, felly fe dynnais bapur anarferol yr oeddwn wedi ei brynu yn Nhrelew allan o'm portffolio. Gan ei fod yn drwm a thuedd amsugno ynddo fe'm gorfodwyd i ddefnyddio *gouache* ac yn y cyfrwng hwnnw fe ailgrewyd tirlun dieithr y paith gan fy nghof mewn ffordd na fuaswn wedi llwyddo i'w wneud petawn wedi defnyddio dyfrlliw. Y rhain, mae'n debyg, oedd y darluniau gorau a luniwyd gennyf ym Mhatagonia.

Mae godreon y Cordillera yn codi yn gylch o gwmpas tref fechan Esquel a phob bore fe grwydrwn o'u cwmpas yn tynnu lluniau *gauchos* a'u ceffylau, a'r adar anarferol a welwn yno. Sylwais ar dderyn bach du hyfryd gyda chefn gwinau, a gofynnais i Ethel Morgan beth tybed oedd ei enw. Dywedodd wrthyf mai robin goch ydoedd. Atebais innau imi fod yn y Wladfa yn ddigon hir i wybod nad dyna beth oedd. Trôdd at ei chwaer yn Sbaeneg a chyda gwên hyfryd fe'm hysbysodd mai *pecho colorado* ydoedd, a medrais innau, gyda gwên hyderus gymesur, ddweud wrthi imi fod yn y Wladfa yn ddigon hir i wybod mai'r Sbaeneg am robin goch oedd *pecho colorado*. Yn ddiweddarach fe ddywedwyd wrthyf ei fod yn cael ei alw gan y Cymry yn 'shôl fach goch' ac yn *rufus-backed negrito* yn rhyngwladol.

Tybiaf nad ydym ni, fel cenedl, yn naturiaethwyr o fri a dim ond yn ddiweddar y cafodd ein hadar eu henwi yn y fath ddull fel y gellir defnyddio'r un gair yng Nghaergybi a'r Barri. Gelwir pob glöyn byw yn 'pili pala', a hyd yma nid wyf wedi dysgu termau Cymraeg am *Red Admiral* neu *Peacock*. Mae Cymry Patagonia yn dal yn drwyadl Gymreig.

Un bore wrth imi gael cwpanaid o de gyda Mrs Williams, Avenida Roca, arhosodd tryc wrth ymyl y ffordd a neidiodd dyn egnïol, un tynn fel cortyn piano, allan ohono. Daeth i mewn i'r tŷ, cyhoeddi mai Fred Green ydoedd, a dweud wrthyf fy mod yn mynd i aros gyda'i fam yn Nhrevelin. Yr oedd yn mynd â hi i fyny i'w wersyll am ddau ddiwrnod ac fe fyddai Nita, Indiad a gedwai dŷ iddi, yn edrych ar fy ôl. Gorchymyn oedd hwn. Cyflwynodd fi i'w fam, *Señora* Gwenonwy Berwyn de Jones a eisteddai yn y tryc. Yr oedd hi'n gneuen o Gymraes fach a gyfarthai orchmynion ataf, cyn i'r ddau ddiflannu tuag at eu gwersyll mewn cwmwl o lwch a cherrig mân.

Y diwrnod canlynol fe'm gyrrwyd gan Dennis Williams yn ei fws i lawr y cwm gan osgoi'r ceunentydd dyfnion yn y ffordd lychlyd mewn dull proffesiynol iawn, nes iddo, o'r diwedd, aros gyferbyn â darn diffaith o dir lle safai tŷ-dol bychan o adeilad ar ei ganol o'r enw Tŷ Ni. Yr oedd Nita yno i'm croesawu gyda Norma, ei merch fach dlos, a *dachshund* bywiog o'r enw Nia. Yn nghil y drws safai bachgen bach Indiaidd diserch a dywedwyd wrthyf mai Paulino oedd ei enw. Cawsai ei eni mewn cwt ar y paith ac yr oedd ar ganol dysgu am fanteision gwareiddiad. Nid oedd eto wedi graddio o'r sinc, lle'r eisteddai yn brathu pennau defaid, at y bwrdd lle roeddem ni, fodau mwy soffistigedig yn bwyta ein prydau. Cyrhaeddodd *Señora* Gwenonwy yn ôl o'r gwersyll y bore canlynol.

barren land. I tried to draw from the bus and made vague notes of the wilderness of cockscomb outcrops of red, pink and yellow, that appeared in the landscape as they do in Arizona or Nevada. It had been the land of the tall Tehuelche and the small aggressive Araucano Indians. It had been the Araucanos who had finally disposessed the Tehuelche by stealing their wives. The more I drew from the swaying bus the greater became the pain in my head, so that, when finally as the sun began to disappear behind the Andes, I arrived in Esquel, I could hardly explain to the driver that I wanted to go to the home of Don Ambrosio Hughes, a Welshman of substance, a director of a local bank and a very successful breeder of Merino sheep.

Don Ambrosio, who was known to everyone as Emrys, and his wife, Lottie, viewed my arrival on their doorstep with apprehension, for the pain in my head was so great that I was scarcely able to speak. I was given two aspirins and put to bed in a garden shed where I slept soundly and awoke a fit man.

The first thing I had to do was to translate the rough drawings I had made in the swaying bus into proper drawings, so I took out of my portfolio some strange paper that I had bought in Trelew. As it was heavy and absorbent I was forced to use gouache and in this medium my memory re-created the strange landscape of the desert land in a way in which I would not have succeeded had I used water-colour. They were probably the best drawings that I made in Patagonia.

The foothills of the Cordillera rise all round the little town of Esquel and every morning I wandered among them drawing the *gauchos* and their horses, and the unusual birds I saw up there. I noticed a lovely little black bird with a chestnut back and asked Ethel Morgan what its name might be. She told me that it was a *robin goch*. I replied that I had been in Y Wladfa long enough to know that it was not. She consulted her sister in Spanish and with a beautiful smile informed me that it was a *pecho colorado* which enabled me with an equally confident smile to tell her that *pecho colorado* was the Spanish for a *robin goch*. Later I was told it was known to the Welsh as a *shôl bach goch* and internationally as a rufus-backed negrito.

I suppose that we, as a nation, are not great naturalists and only recently have our birds been named in such a way that the same word can be used in Holyhead and Barry. All butterflies are known as "pili pala" and, as yet, I have to learn the Welsh for a Red Admiral or a Peacock. The Welsh in Patagonia still remain very Welsh.

One morning as I was having a cup of tea with Mrs Williams, Avenida Roca, a truck drew up outside and a vigorous man, taut as a piano wire leapt out. He came into the house, announced himself as Fred Green and told me that I was going to stay with his mother in Trevelin, that he was taking her up to his camp for two days and that I was to be looked after by Nita, her Indian housekeeper. It was an order. He introduced me to his mother, *Señora* Gwenonwy Berwyn de Jones, who was sitting in his truck. She was a little Welsh walnut of

Dyna'r bore y deffrais i ddarganfod bod hen geffyl brithliw wedi ei glymu wrth ffenestr fy ystafell wely. Cawsai ei anfon yno gan Fred Green i fod at fy nefnydd yng Nghwm Hyfryd ar y rhagdybiaeth fy mod i'n medru marchogaeth. Yn ffodus yr oeddwn wedi marchogaeth er yn fachgen ac ychydig iawn o drafferth a gefais gyda'r march hydrin.

O'm hystafell wely gallwn weld Gorsedd y Cwmwl, y mynydd sy'n teyrnasu dros Gwm Hyfryd. Cyrcydai'n addfwyn wedi ei orchuddio ag eira'r haf uwchlaw y pentref bychan, y Rio Percy a thir ffrwythlon y cwm. Nid oedd angen dyfrhau yma fel y bu raid yn Nyffryn Camwy oherwydd yr oedd y tir hwn yn llifo o laeth a mêl mewn cymhariaeth, dyffryn bendigedig yng nghanol gwylltiroedd De America.

Wrth gofio am Drevelin meddyliaf am dreflan ddestlus, heb fod yn annhebyg i'r rheini a welir mewn ffilmiau cowbois. Roedd iddi stryd fawr lydan gyda dynion ar gefn ceffylau yn carlamu ar hyd-ddi mewn cymylau o lwch, oherwydd dyma oedd tiriogaeth y marchog, ac roedd eu ceffylau yn gryf ac yn camu'n uchel gan wneud imi gredu eu bod wedi dod i fod o gymysgu gwaed y march Barb a'r Cob Cymreig. Go brin fod ynddynt waed Arab gan mai traed meddal sydd ganddynt hwy a thir Patagonia yn galed ac yn wahanol iawn i dywod yr anialwch.

Bûm wrth fy modd gyda cheffylau erioed ac y mae'r atgof am rai Cwm Hyfryd mor glir ag unrhyw atgofion eraill sydd gennyf. Ar fferm Pennant ym mlaen y cwm newidiais fy ngheffyl brithliw am anifail bywiocach a dilyn Iolo Green i fyny i'r bryniau y tu cefn inni. Marchogai ef yn ddigyfrwy, ond rhoddwyd cyfrwy Yankee i mi; ac felly, a minnau'n ddiogel o fewn ei anwes lledr, fe farchogodd y ddau ohonom i fyny gyda'n gilydd yn uchel uwchlaw'r cwm i'r man lle'r oedd tua deg ar hugain o geffylau ysblennydd yn pori. Wrth i ddau stalwyn ymladd i fod yn ben arnynt, anogai Iolo fi i dynnu eu llun; ond ni fedrwn a chafodd yntau siom. Er gwaethaf hynny mae'r atgof am y ceffylau dan warchodaeth Gorsedd y Cwmwl yn dychwelyd ataf ddeng mlynedd ar hugain yn ddiweddarch, yn olygfa nodweddiadol o'r tir pell hwnnw. Dywedir wrthyf fod poblogaeth Patagonia yn ddim ond hanner poblogaeth teulu'r ceffyl.

Roedd y golau yng Nhwm Hyfryd yn rhyfeddol, ac yn aml gyda'r nos byddai'r awyr yn troi'n ddu-las gan achosi i'r ddaear ymddangos yn aur llachar mewn cyferbyniad.

Bûm yn tynnu lluniau ym Mhentre Sydyn yn y bryniau ar ochr ddwyreiniol y cwm a chlywed llais Mary Hopkin yn cael ei ddarlledu o bennau'r pyst teligraff ymhell oddi tanom. Trwy fwlch yn y mynyddoedd

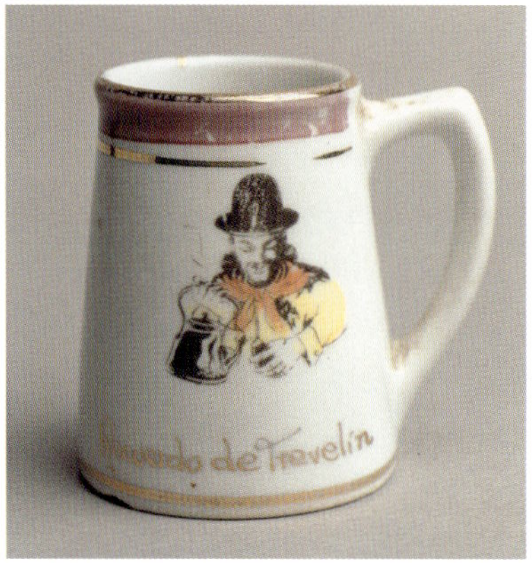

Jwg *mate* a gyflwynwyd i'r arlunydd wrth iddo ymadael â Dyffryn Camwy

A mate jug given to the artist on leaving Dyffryn Camwy

a woman who barked out instructions to me before they disappeared towards their camp in a cloud of dust and small stones.

The next day Dennis Williams drove me in his bus down the valley, professionally avoiding the deep canyons in the dirt road until eventually he drew up alongside an arid piece of ground in the middle of which was, a small doll's house of a building named Tŷ Ni. Nita was there to greet me with her beautiful little daughter, Norma, and an energetic dachshund called Nia. In the doorway stood a sullen little Indian boy and I was told his name was Paulino. He had been born in a shack in the desert and was in the process of learning the benefits of civilization. He had yet to graduate from the sink where he sat gnawing sheep's heads, to the table where we, more sophisticated beings, had our meals. *Señora* Gwenonwy arrived back from the camp the next morning.

It was the same morning that I awoke to find and old piebald horse tied to my bedroom window. It had been sent there by Fred Green for my use in Cwm Hyfryd on the assumption that I was able to ride. Luckily I had ridden since I was a boy and had little difficulty with the docile steed.

From my bedroom I could see the mountain known as Gorsedd y Cwmwl presiding over Cwm Hyfryd. Covered in summer snow it crouched benignly above the little village, the Rio Percy, and the good land of the valley. There was no need to irrigate as they had to in Dyffryn Camwy, for in comparison it was a land flowing with milk and honey, a blessed valley in the wilds of south America.

My memories of Trevelin are of a tidy settlement, not unlike towns portrayed in Westerns. There was a broad main street down which riders galloped in clouds of dust, for this was the land of the horseman, and their horses were strong and high-stepping making me believe that they came from a mixture of the blood of the Barb and Welsh cob. Of Arab blood there was none for they have soft feet and the ground of Patagonia is hard and far removed from the sands of the desert.

I have always loved horses and the memory of those in Cwm Hyfryd are as vivid as any others. At the farm of Pennant at the head of the valley I changed my old piebald for a livelier animal and followed Iolo Green up the hills behind. He rode bareback, but I had been given a Yankee saddle; so, secure in its leatherly embrace, we went together to where, far above the valley, about thirty magnificent horses were grazing. As two stallions fought for their possession, Iolo exhorted me to draw them: but I was not able to and he was disappointed. Nevertheless the memory of the horses under the protective Gorsedd y Cwmwl comes back to me thirty years later as a scene that was typical of that distant land. I am told that the human population of Patagonia is about half that of the equine.

The light in Cwm Hyfryd was remarkable and often in the evenings the sky became blue-black making the land appear as vivid gold in comparison.

lawer blwyddyn ynghynt fe ddaeth parti o Gymry o Ddyffryn Camwy ar gefn ceffylau i ddarganfod y cwm a chlywsent gymaint o'i ganmol gan yr Indiaid. Yn sydyn fe welsant yr hyn y credent ei fod yn wlad yr addewid iddynt. "Dyma gwm hyfryd" bloeddiodd un marchog cynhyrfus ac fe arhosodd yr enw Cwm Hyfryd arno fyth wedyn. Roedd hwn yn gwm ardderchog i'm tŷb innau hefyd ac euthum ati i lunio tua dau gant o luniau yno. Tynnais lun dyfrlliw o Brychan Evans. Dyn main, hyfryd oedd ef, marchog ardderchog a gŵr a oedd wedi dringo'r holl fynyddoedd o'n hamgylch. Credaf imi wneud cyfiawnder ag ef.

Daethai Paulino i ofalu am fy ngheffyl tra bu Norma'n modelu imi. Nid oedd Paulino mor ddiserch ag y tybiais ei fod ar y cychwyn, gan ei fod yn chwerthin llawer ac yn gwenu gwên fawr ddanheddog. Roedd Norma wrth ei bodd fy nghael i dynnu ei llun a phan nad oedd yn eistedd imi, byddai'n fy herian gan fy ngalw yn *Señor Tijereta* y gellid ei ddehongli mewn dwy ffordd, sef gwennol hyfryd a'i chynffon wedi'i hollti neu sgorpion.

Mae cof gennyf gerdded am filltiroedd o gwmpas Trevelin, yn tynnu llun ar ôl llun gyda phensil a golch dyfrlliw. Cofnodi yr oeddwn ac nid cynhyrchu campweithiau. Petai rhai ohonynt yn digwydd bod yn gampweithiau yna gorau oll. Marchogais ymhlith y llwyni rhosod a dyfai'n frith dros y tirlun heb fod yn gwisgo llodrau lledr y cowboi, ond llwyddais i osgoi'r crafiadau yr oeddwn wedi eu disgwyl. Y mwyaf y cerddwn, mwyaf o bothelli a gawn ar fy nhraed hyd nes i Señora Gwenonwy ddod i'm cynorthwyo trwy daro fy nhraed mewn powlen o ddŵr poeth yn cynnwys gwreiddyn a elwid yn 'coes goch'. Yn sicr, fe staeniwyd fy nhraed yn goch ac efallai iddo wella'r pothelli.

Yn Esquel yr oeddwn wedi cyfarfod â Phatagoniad byrdew o dras Albanaidd, sef *Intendente* Parc Cenedlaethol Futalaufquen. Ei enw oedd Don Diego Neil ac fe'm gwahoddodd i dreulio'r Nadolig yn ei gartref yn uchel yn y bryniau. Cyrhaeddais ar Noswyl Nadolig, ac ar unwaith fe anfonodd Don Diego un o'i wardeniaid, Eli Williams, i ddal brithyll ar gyfer ein swper. Roedd yn bysgodyn rhyfeddol a phrofodd Don Diego yn lletywr ardderchog. Ar Ddydd Nadolig fe rostiwyd gafr ar farbeciw y tu allan i'r tŷ gan Eli Williams a'i gariadferch Indiaidd, tra esboniodd Don Diego wrthyf pam na fyddai'r Cymry fyth yn datblygu'n wardeniaid o'r radd flaenaf.

"Mae nhw'n methu â bod yn ddidostur, ac yn mynnu byw eu bywydau yn unol â'r Beibl", esboniodd, ond nid oedd hon yn feirniadaeth o fath yn y byd gan iddo gael ei yngan gydag edmygedd.

I fyny yn yr Andes fe fûm yn ymweld â llynnoedd Futalaufquen, Verde, Menendez a Cisne a hynny yng nghwch mawr Don Diego. Mae Lago Cisne ar y ffin â Chile lle mae coed Sequoia anferth a elwir yn *Fitzroya* yn tyfu'n dal gyda rhisgl garw sy'n plicio ymaith. Gwlad dywyll yw hon lle nad oes adar yn canu.

Gweithiais yn galed tra oeddwn yn Futalaufquen. Fe baentiais y mynyddoedd, y coed *maitén* a'r *chekay* a ddefnyddir ganddynt ar gyfer eu tannau coed, a'r *retamo*, llwyn tebyg i fanadl a wnâi i lethrau'r bryniau edrych fel petaent dan rew caled. Paentais hefyd yr *embothrium*, sef coed pinwydd Chileaidd a greai fflachiadau llachar o goch uwchben y llynnoedd.

I drew in Pentre Sydyn in the hills to the east of the valley and heard far below the sound of the voice of Mary Hopkin being relayed from the tops of the telegraph poles. It was through a gap in the hills that many years earlier a party of Welsh riders who had set out from Dyffryn Camwy to find the valley so praised by the Indians, suddenly saw what they believed was their promised land. "Dyma gwm hyfryd" exclaimed an excited rider and Cwm Hyfryd it has remained ever since. I also found it a wonderful valley and produced about 200 drawings. I did a water-colour drawing of Brychan Evans. He was a lovely spare man, a great rider and a man who had climbed all the surrounding mountains. I think I did him justice.

Paulino had become my groom while Norma became my model. Paulino was not the sullen boy I had thought him to be but laughed a lot and smiled a great toothy smile. Norma loved me to draw her and when she wasn't sitting she made fun of me calling me *Señor Tijereta* which could have been interpreted as a lovely fork-tailed swallow or a scorpion.

I remember walking for miles around Trevelin, drawing with pencil and water-colour wash. I was recording and not producing works of art, if some of them became works of art that would be a bonus. I rode among the rose-bushes that dotted the landscape without the leather trousers of the cowboy, but I escaped the scratching I had expected. The more I walked, the more blistered became my feet until Señora Gwenonwy came to my assistance and plunged my feet into a bowl of hot water containing a root called "*coes goch*". It certainly stained my feet red and may have cured my blisters.

While in Esquel I had met a chunky Patagonian Scot who was the *Intendente* of the Futalaufquen National Park. His name was Don Diego Neil and he had invited me to spend Christmas in his house high up in the hills. I arrived on Christmas Eve and Don Diego immediately dispatched Eli Williams, one of his wardens, to catch a trout for our supper. It was a magnificent fish and Don Diego proved to be an excellent host. On Christmas Day, Eli and his Indian girl friend barbecued a goat outside the house while Don Diego told me why the Welsh would never make first rate wardens. "They lack ruthlessness and insist on conducting their lives according to the Bible" he explained, but this was in no way a criticism as it was said with admiration.

While up in the Andes I visited, in his launch, the lakes of Futalaufquen, Verde, Menendez and Cisne. Lago Cisne is on the border of Chile and huge Sequoia known as *Fitzroya* grow tall and with peeling and shaggy bark. It is a dark land where no birds sing.

I worked hard while I was at Futalaufquen. I painted the mountains, the *maitén* trees and the *chekay* that they use for their wood-burning stoves, and the *retamo*, a bush like a broom that made the hillsides look as if they were under a heavy frost. I also painted the *embothrium* or Chilean fire-trees that bought vivid flashes of red above the lakes.

Bûm hefyd yn tynnu lluniau'r adar. Tynnais luniau glas y dorlan, mathau niferus o gnocell y coed, a hefyd yr hebogiaid a'r eryrod a godai i'r entrychion uwchlaw'r wlad ryfeddol honno: ond bu raid imi ddychwelyd i Trevelin yn y cwm islaw.

"Rwy i wedi dod yn ôl eto," meddwn i wrth *Señora* Gwenonwy. "Beth gawsoch chi i ginio Nadolig?"

"Wel", meddai hi, "wn i ddim beth ydych chi'n ei alw yn Saesneg, ond rydym ni yn ei alw'n *sicking pug*."

Gadewais y cwm yn llawn o atgofion am ei harddwch, ei ddiogelwch islaw anwes y mynyddoedd, y tir amaethyddol da, ei bobl a'i geffylau. Yna aeth fy meddwl yn ôl i Ddyffryn Camwy, gerwinder y tir, a diogelwch gwerddonau bach gogoneddus y ffermydd bychain wedi eu hamgylchynu gan eu coed poplys a thamarisg. Roedd gennyf ymateb gwahanol i'r ddau ddyffryn ac ni fedrwn benderfynu pa un y bu imi ei fwynhau orau.

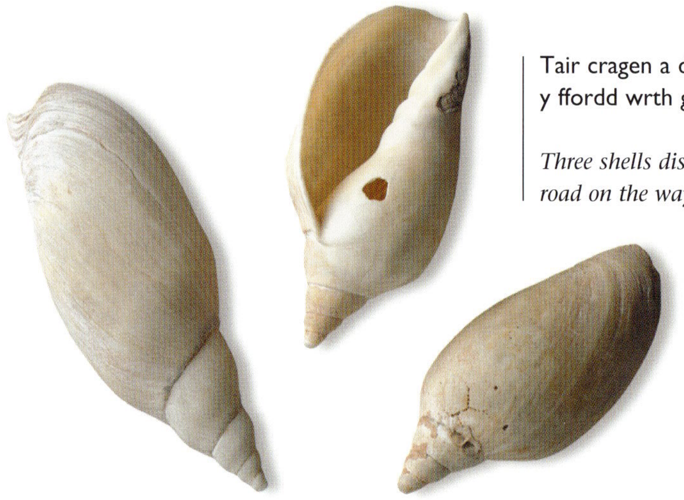

Tair cragen a ddarganfuwyd ar y ffordd wrth gyrraedd Lle Cul

Three shells discovered on the road on the way to Lle Cul

Yr oeddwn wedi gweithio'n galed gan gynhyrchu saith cant o frasluniau a dyfrlliwiau. Yr oeddwn wedi cymryd tua'r un nifer o ffotograffau a theimlwn fy mod wedi cyflawni cymaint ag y gallwn yn ystod pedwar neu bum mis fy ymweliad. Yn awr roedd yn rhaid imi drosi fy mrasluniau yn lluniau olew yn fy stiwdio yn Llundain.

Daeth y gwaith yn weddol rwydd imi ar y dechrau gan fod ysbryd y Wladfa yn dal gyda mi, ond un diwrnod rhoddais ganfas ar yr isl a dechrau peintio. Gwyddwn ar unwaith fod y swyn wedi darfod, ac nad Patagonia oedd y gwaith o'm blaen ond mai rhywle yn fy nhiriogaeth fy hun yng Ngwynedd ydoedd.

Un canlyniad da yw'r ffaith fod cynifer o'm lluniau yn awr yn Llyfrgell Genedlaethol Cymru yn gofnod am byth o ddewrder a phenderfyniad ychydig o ddelfrydwyr i ddarganfod eu hiwtopia eu hunain yn y fwyaf pellennig o diroedd dau gyfandir America.

Pan glywn rai o drigolion y Wladfa yn cwestiynu tybed a fu'r cyfan yn werth yr ymdrech, byddwn yn eu sicrhau, er ein bod ni yng Nghymru wedi eu hanghofio am tua chan mlynedd, ein bod erbyn heddiw yn llawn balchder oherwydd eu dycnwch yn sefydlu ac yn diogelu yr unig wladfa Gymreig sydd gennym.

I also drew the birds. I drew the kingfishers, and the many kinds of woodpeckers and also the hawks and eagles that soared about that fantastic land; but I had to return to Trevelin in the valley below.

"I'm back again" I said to *Señora* Gwenonwy, "what did you have for your Christmas lunch?"

"Well" she replied "I don't know what you call it in English, but we call it a sicking pug".

I left the valley full of memories of its beauty, its security beneath the embrace of the mountains, the good farm land, its people and the horses. Then my mind went back to Dyffryn Camwy,

Dau flaen saeth gan frodorion Patagonia ac ewin llew mynydd a roddwyd i'r arlunydd ar ei ymadawiad â'r Wladfa

Two Patagonian native arrow-heads and a puma claw given to the artist on his departure from Patagonia.

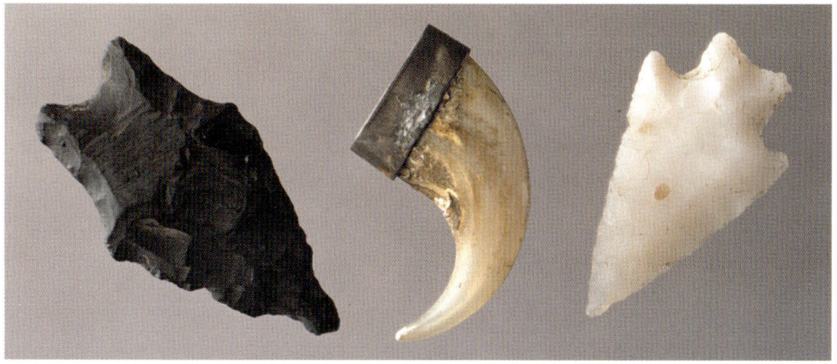

the harshness of the land and the glorious little oases of security that were the small farms surrounded by their poplars and tamarisk. I had different reactions to the two valleys and was unable to decided which I enjoyed the more.

I had worked hard and had made seven hundred drawings and water-colours. I had taken about the same number of photographs and felt I had done all I could during the four to five months of my visit. I now had to translate my drawings into oil paintings in my London studio.

It came fairly easily at first for the mood of Y Wladfa was still with me, but one day I put a canvas on my easel and started to paint. I knew immediately that the spell had gone, that the work in front of me was not Patagonia but somewhere in my own land of Gwynedd.

The bonus has been that so many of my pictures are now secure in the National Library of Wales to record for ever the bravery and determination of a few Welsh idealists to find their own utopia in the furthermost land of the Americas.

When I heard some of the inhabitants of Y Wladfa saying that they wondered if it had all been worthwhile, I assured them that, even though we in Wales had forgotten them for about a hundred years, today we feel nothing but pride for their tenacity in founding and preserving what is our only Welsh "colony".

Yn Nhrelew, prif dref y Wladfa, y sangodd troed Syr Kyffin Williams gyntaf ym Mhatagonia. Mae'r dref fach, gymharol dlawd hon, yn brin ei deniadau amlwg. Mae yma deimlad o gael eich cau i mewn gan yr anialwch, a'r *bobl* yn hytrach na'r lle a brofodd yn ysbrydoliaeth gychwynnol iddo. Unwaith y cafodd ei gynhesu gan ysbryd ei westeiwyr fe welodd harddwch anarferol y wlad bellennig ond gartrefol hon.

Dangoswyd i'r arlunydd nifer o'r pentrefi bach a sefydlwyd ar hyd Dyffryn Camwy a byddai bob amser yn cael derbyniad brwdfrydig yno. Fe ddywed iddo ddod i ddeall y dyffryn yn raddol: ei ffordd o fyw, ei haenau cymdeithasol, a sut y perthynai i strwythur y Wladfa drwyddi draw. Disgrifir Gaiman gydag afiaith arbennig gan yr arlunydd, a hynny efallai oherwydd y gwrthbwynt o liwiau cryfion – yn adeiladau pinc, yn goed gwyrdd tywyll ac yn anialwch melyn. Testun perffaith ar gyfer lliwiwr.

Wedi mis yn Nyffryn Camwy, symudodd Syr Kyffin tua'r gorllewin i Gwm Hyfryd, gan aros yn Esquel ac yna yn Nhrevelin. Yma gallai archwilio godreon y Cordon de las Piramides. Wedi aros mewn amryfal ardaloedd o fewn y rhanbarth, fe hedfanodd i Tierra del Fuego ac Ushuaia cyn ymadael am Buenos Aires a Llundain.

Ychydig iawn o dirwedd a welodd Syr Kyffin mewn gwirionedd o'i gymharu ag aruthredd y rhanbarth. Mae arwyddocâd ei ddarganfyddiadau a'i luniau, fodd bynnag, yn aruthrol. Trwy ei lygaid ef y mae'r mwyafrif ohonom yn adnabod y Wladfa ac fe lwyddodd ei daith fer yno i grisialu ein hoffter tuag at yr ardal. Mae'n anodd meddwl am y Wladfa heb weld un o ddelweddau Syr Kyffin yn y meddwl. Yn yr un modd mae printiau o'i luniau yn gyffredin iawn mewn cartrefi a mannau cyhoeddus yn y Wladfa, fel petai'r Patagoniaid eu hunain wedi mabwysiadu golwg yr arlunydd ar eu gwlad. Mae ganddo'r ddawn i gyfuno cariad a gonestrwydd, ac mae hynny'n cynhyrchu darluniau sy'n siarad, rywsut, yn syth â'r galon.

Mae rhyw hyfrydwch oesol yn gysylltiedig â lluniau Syr Kyffin o'r Wladfa. Cynrychiolant ffrwyth gwaith ychydig fisoedd, ac eto mae saith gant o ddyluniadau yn awgrymu ei fod yn cynhyrchu nifer o ddalennau'r dydd. Roedd y prosiect hwn yn fodd i chwyldroi ei weledigaeth. Ar ôl iddo ddychwelyd i Lundain mae'r arlunydd yn nodi fel hyn:

> Dechreuais weithio, ac ymddangosai delweddau ar fy nghynfasau a oedd yn wahanol iawn i'r rhai yr oeddwn wedi eu peintio cyn hynny.

Roedd y gwahaniaeth i'w ganfod yng nghryfder y lliwio ac yn eglurder y cyfansoddiadau. Cyn mynd i'r Wladfa, er ei fod wedi ymgolli yng Nghymru, gellid canfod dylanwadau arlunwyr eraill yn eglur ar ei waith. Enghreifftiau o hynny yw impasto yr Ôl-Argraffiadwyr, ffurfiau diffiniedig Ysgol Camden Town, a phaent pur Cedric Morris. Nid oedd eto wedi teimlo'n rhydd i fynd ar drywydd lliw ac ansawdd gydag unrhyw fath o ysbryd dyfeisgar. Yr oedd y Wladfa i Syr Kyffin fel y bu Morocco i Delacroix neu Fenis i Turner. Darganfu pob arlunydd rywbeth a gyseiniai â'i ysbryd a chyflwynodd pob un ddefnydd ffres o liw i'w waith, ochr yn ochr â delweddau wedi eu saernïo'n gain.

Nid oedd y Wladfa, fel y gellid tybio, yn wlad hollol ddieithr i Syr Kyffin. Bu ei ewythr Ralph yno yn 1874 a chyrhaeddodd hanes ei anturiaethau

II

Sir Kyffin Williams first set foot in y Wladfa at Trelew, capital of the settlement. This small and relatively poor town has few attractions immediately apparent. There is a sense here of being hemmed in by the desert and it was the *people* who began to inspire him rather than the place. Once warmed by the spirit of his hosts he saw the unusual beauty of this faraway yet homely land.

Along Dyffryn Camwy the artist was shown many of the little settlements where he was always welcomed with enthusiasm. He notes 'gradually I began to understand the valley': its way of life, the social strata and how it fitted into the overall structure of y Wladfa. Gaiman is recorded with particular joy by the artist, perhaps for its contrasting strong colours of pink buildings, dark green trees and yellow desert. The subject was perfect for a colourist.

After a month in Dyffryn Camwy, Sir Kyffin moved west to Cwm Hyfryd, staying at Esquel and then Trevelin. Here he could explore the foothills of the Cordon de las Piramides. Having stayed in several parts of the region, he finally flew to Tierra del Fuego and Ushuaia before departing for Buenos Aires and London.

The amount of landscape visited by Sir Kyffin, when compared to the vastness of that region, was very small. The significance of his discoveries and pictures was however considerable. It is through his eyes that most of us know y Wladfa and his short visit there crystalises the affection with which we hold the area. It is hard to think of Y Wladfa without a *Kyffin* image in our mind. Likewise prints of his pictures are everywhere to be seen in the homes and public places of y Wladfa as if the Patagonians themselves have adopted the artist's view of their own land. He has the gift to combine love and honesty, which produce paintings that somehow speak straight to the heart.

There is an enduring delight associated with Sir Kyffin's pictures of y Wladfa. They represent the fruit of just a few month's work and yet seven hundred drawings denote several sheets per day. That project was to transform his vision. Once back in London, the artist recorded how

> 'I started to work, and images appeared on my canvases that were very different from any I had previously painted.'

The difference was both in the high colouring and the clarity of his compositions. Before y Wladfa, although he was absorbed in Wales, one could clearly see the influences of others on his work, for instance the impasto of the Post-Impressionists, the defined shapes of the Camden Town School, the pure paint of Cedric Morris. He had not yet been released to explore colour and texture with innovative sparkle. Y Wladfa was to Sir Kyffin as Morocco to Delacroix or Venice to Turner. Each artist found something which deeply resonated with their spirit and introduced a fresh use of colour alongside beautifully crafted images.

yn ôl at y teulu yng Nghymru. Yn sicr, roedd yna elfen o ddymuno gweld lle llawn rhamant, ond yr oedd rheswm mwy eangfrydig, mwy aruchel. Ar ei ffurflen gais i Sefydliad Winston Churchill gofynnodd Syr Kyffin yn benodol am gael 'ymweld â'i gydwladwyr'. Y syniad hwnnw o berthyn yw'r elfen hanfodol i lwyddiant digyffelyb ei luniau o Batagonia. Mae'r un peth yn wir am gynnwys ei luniau a'i bortreadau. Wrth iddo deithio'r wlad yn cofnodi bywyd fe dyfodd i garu rhai pethau neilltuol.

Un enghraifft yw'r Ffos yn Nyffryn Camwy. Mae Syr Kyffin yn dangos inni'r ffos neu'r gamlas ac mae'n gampwaith o gynllunio peirianyddol a chydweithredu cymunedol, ond ymddengys yn nant fechan iawn o'i chymharu â mawredd dolennog Afon Camwy sy'n llifo o uchder mynyddoedd y gorllewin nes iddi ymuno â'r Ffos, sydd hyd heddiw o'r pwysigrwydd mwyaf i drigolion y Wladfa. Mae'r Ffos yn symbol o gydweithrediad ac o gymuned, wedi ei hadeiladu yn 1875, ddeng mlynedd yn unig wedi i'r gwladychwyr cyntaf gyrraedd y Bae Newydd ddiwedd Gorffennaf 1865. Mae Syr Kyffin yn dangos y Ffos yn gyswllt bywiol rhwng yr anialwch a'r tir âr. Ar yr un pryd y mae'n fotiff o harddwch o fewn tir cras, lle i'w gerdded a'i fwynhau.

Daeth Syr Kyffin yn gyfarwydd â'r tirlun, a bu'n byw gyda'r trigolion gan wneud ffrindiau lu. Yn ei gyfrol *A Wider Sky* mae'n nodi bod rhai o'i gyfeillion o Batagonia wedi ymweld ag ef yn ddiweddarach yn ei gartref ym Mhwllfanogl. Fe erys ei ddiddordeb yn y lle, a'i hoffter ohono yn gryf iawn. Wrth lunio tirlun, cryfder Syr Kyffin yw ei allu i drawsnewid y cyffredin yn gyfansoddiad parhaol, gan ddod â theimlad o realaeth i'r testun. Try golygfa seml o geffyl a'i farchog, gydag wyneb ysgythrog y graig yn gefndir, er enghraifft ei fotiff Lle Cul, yn gronicl clasurol o dir cras, unig sy'n meddu ar ryw harddwch dieithr.

Digwyddodd cyfnod Patagonia ar adeg dyngedfennol yng ngyrfa'r arlunydd. Yr oedd yn parhau i fod yn Bennaeth Celf yn Ysgol Highgate ac arferai beintio lluniau ar bob achlysur posibl. Daeth gweithiau Patagonia â ffrwd newydd o ddiddordeb yn ei gynnyrch. Yn 1968, er enghraifft, cyn gadael am y Wladfa cynhaliodd ddwy arddangosfa: un yn Oriel Howard Roberts, Caerdydd, a'r llall yn Oriel Tegfryn, Porthaethwy. Yn 1969 cynhaliwyd pedair arddangosfa ganddo, pob un yn seiliedig ar ei ymweliad â'r Wladfa. Yn ystod yr un flwyddyn derbyniodd Lywyddiaeth Academi Frenhinol y Cambria; yn 1970 daeth yn aelod cysylltiol o Academi Frenhinol y Celfyddydau; gan symud i Fôn yn 1973.

Mae'n amlwg i'r Wladfa fod yn drobwynt yn ei hanes. Hwn oedd y cam olaf yn ei brentisiaeth hir wrth y gwaith o greu darluniau. Noda'r arlunydd iddo ddechrau peintio lluniau yn seiliedig ar ei ddyfrlliwiau a'i ddyluniadau ar ôl dychwelyd i Lundain. Cynhyrchodd bedwar deg pedwar o gynfasau (mae naw o'r rheini bellach yn rhan o gasgliad Llyfrgell Genedlaethol Cymru). Dywed yn ei gyfrol *A Wider Sky* iddo barhau i weithio ar ôl hyn:

> Dechreuais beintio ac wrth imi wneud hynny trodd y lliwiau'n llwyd a phŵl. Hwn oedd y pumed cynfas a deugain a gwyddwn fod yr hud wedi ei golli. Ni pheintiais ddarlun arall o Batagonia wedi hynny.

Mae'r ymwybyddiaeth hon o golli gafael ar ei ddawn yn adlewyrchu ei wybodaeth graff am natur a datblygiad ei ysbrydoliaeth. Dysgodd, ar ôl

Y Wladfa was not, as one might think, a completely strange land to Sir Kyffin. His uncle Ralph had been there in 1874 and stories of his adventures reached the family in Wales. There was certainly an element of wishing to see a place of romance but there was a broader, nobler reason. On his application to the Winston Churchill Foundation Sir Kyffin asked specifically to 'visit my fellow countrymen'. That sense of belonging is the essential element in the unprecedented success of his Patagonian pictures. The same is true of his subject matter and portraits. As he travelled the country recording life he grew to love some things particularly.

The Ffos at Dyffryn Camwy is a case in point. Sir Kyffin shows us the *ffos* or canal, a great feat of engineering and communal works, but it appears as a tiny tributary compared with the vastness of the meandering Rio Chubut. It flows from high in the mountains of the west until joining the Ffos which remains of such importance to the residents of Y Wladfa. Y Ffos is a symbol of co-operation and community, undertaken in 1875 just ten years after the first settlers arrived at y Bae Newydd in late July 1865. He demonstrates the Ffos as a lifeline between the desert and cultivation. At the same time it is a motif of beauty within a harsh land, a place to walk and enjoy.

Sir Kyffin became familiar with the landscape, lived with the people, making many friends. In *A Wider Sky* he writes that some of his Patagonian friends have subsequently visited him at his home at Pwllfanogl. His interest and affection for the place remains strong. In landscape, Sir Kyffin's strength is his ability to transform the ordinary into a permanent composition, bringing a feeling of reality to the subject. A simple scene of a horse and rider against a jagged rock face, such as his Lle Cul motif becomes a classic depiction of a harsh and lonely land with a strange beauty.

The Patagonian period occurred at a crucial point in the artist's career. He was still the Head of Art at Highgate School and painted pictures at any possible opportunity. The Patagonian works brought an explosion of interest in his output. For instance in 1968, before leaving for Y Wladfa he had two shows: at the Howard Roberts Gallery, Cardiff and the Tegfryn Gallery, Menai Bridge. In 1969 he had four exhibitions all of which were based on his visit. That same year he accepted the Presidency of the Royal Cambrian Academy, in 1970 he became an Associate of the Royal Academy of Arts, moving to Anglesey in 1973.

Clearly Y Wladfa was a turning point. It was the final stage in his long apprenticeship in the business of picture-making. The artist notes that on his return to London he began, we presume almost immediately, to paint canvases from his watercolours and drawings. He produced forty-four canvases (nine of which are in the collection of the National Library of Wales). He writes in *A Wider Sky* that after this point he continued to work

> 'I started painting and as I did so the colours became grey and dull. It was my forty fifth canvas and I knew the spell was broken. I never painted another picture of Patagonia.'

llawer blwyddyn o astudio, fod angen gafael mewn rhai profiadau tra eu bod yn dal yn ir, cyn iddynt ddiflannu am byth. Mae ei sylwadau ar y lluniau o Batagonia, sef bod lliwiau newydd wedi ymddangos i ddechrau ond bod yr hen liwiau llwyd wedi dychwelyd, yn tanlinellu'r ffaith ei fod yn gweithio'n fwy na dim fel artist Rhamantaidd, ei fod mewn cyswllt ag awyrgylch ac ag awgrymiadau cynnil lle a phobl, a'i fod yn medru ymateb yn ddiffuant i'r olygfa a'i hwynebai. Wrth lunio portreadau cafwyd ffigyrau beiddgar, bron yn garicaturaidd, fel un Winston Churchill Rees, 'dyn cyfeillgar gydag wyneb tebyg i gosyn mawr coch ac arno ddau lygad bychan gochelgar yn disgleirio fel botymau'. O ran tirluniau mae'r delweddau'n amrywio o atgynyrchiadau gonest o olygfa, i goeden unig neu fachlud haul.

Yn ystod ymweliad Syr Kyffin â'r Wladfa, gwnaeth ddefnydd eang o ffotograffau am y tro cyntaf erioed. Tynnodd gyfres o sleidiau lliw 35mm. o holl wrthrychau pwysig ei ddyluniadau. Dengys rhai o'r tryloywderau hyn gymaint y bu i Gymreictod y Wladfa effeithio ar Syr Kyffin, er enghraifft y darlun o garreg fedd John Williams yn Nyffryn Camwy, brodor o Ddolwyddelan, 'genedigol o Dolyddelen Cymry' [*sic*]. Mae un arall o'r sleidiau yn dangos dau gymeriad yn sefyll o flaen bws sy'n arddangos y plât adnabod 'Lewis Jones' gyda balchder. Anaml iawn y crybwyllir y sleidiau hyn wrth ystyried cynnyrch yr artist ym Mhatagonia, ac unwaith yn unig y dangoswyd hwy o'r blaen, a hynny yn Llyfrgell Genedlaethol Cymru yn 1981.

Dysgodd nifer o dechnegau newydd yn ystod ei ymweliad. Canfu fod y papur a brynodd yn Nhrelew o natur rhy amsugnol ar gyfer dyfrlliwiau, ac nad oedd defnyddio pin ac inc yn gweddu ar gyfer delweddu'r tirwedd. Oherwydd hynny dewisodd ddefnyddio *gouache* ar gyfer nifer o'i weithiau, ond math arbennig o *gouache* o'i wneuthuriad ei hun yn y fan a'r lle, cymysgedd o ddyfrlliwiau pur a gwyn sinc. O symud oddi wrth ei ddull arferol o weithio drwy gyfrwng golchiad pin ac inc daeth naws dewach, fwy gwastad a mwy haniaethol i'r gweithiau. Symbylodd hynny, yn ei dro, weithiau godidog fel *Ceffyl yn Lle Cul* lle ceir creigiau nadd ysgythrog wedi eu peintio mewn ychydig linellau o liw fflat beiddgar.

Hyd yn oed ddeng mlynedd ar hugain wedi peintio'r lluniau hyn, mae modd teimlo o hyd gyffro lle newydd sy'n llawn o bob math o ddeunydd cyfareddol. Yr oedd y Wladfa yn em i Syr Kyffin. Cafodd ei dderbyn yno mewn ffordd na allai dim ond Cymro gael ei dderbyn. Dangosodd dro ar ôl tro fod ganddo ddealltwriaeth o'u bywydau geirwon, rhyfeddol mewn tir sy'n parhau yn rhan o Gymru tu hwnt i'r môr.

This awareness of the loss of a gift reflects his keen knowledge of the process of his inspiration. Many years of study taught him that some experiences need to be captured whilst fresh before they vanish for ever. His comments on the Patagonian paintings, first that new colours appeared and then that old greys returned, underlines the fact that he works primarily as a Romantic artist in touch with the atmosphere and subtle nuances of a place and people and able to react with candour to a scene before him. In portraiture this has given us some bold almost caricature figures such as Winston Churchill Rees 'a friendly man with a face like a large red cheese on which two small and wary eyes shone like buttons'. In landscape the images vary from honest depictions of a scene to a single tree or sunset.

In Y Wladfa, the artist used photographs extensively for the first time. He took a series of 35mm. colour slides of all his chief subjects in the drawings. There are some slides which show how much the Welshness of Y Wladfa had affected Sir Kyffin, for instance his slide of the gravestone of John Williams at Dyffryn Camwy who was a native of Dolwyddelan, 'genedigol o Dolyddelen Cymry' [*sic*]. Another slide shows two figures in front of a coach proudly displaying the name plate 'Lewis Jones'. These slides are seldom mentioned when considering his Patagonian works and were only exhibited once, at the National Library of Wales in 1981.

He learnt several new techniques during his visit. He found that the paper bought at Trelew tended to be too absorbent for watercolour and that the landscape did not lend itself to pen and ink. He therefore chose to use gouache for many studies, but gouache made himself on the spot using pure watercolours mixed with Chinese white. This departure from his usual practice of pen and ink wash gave a denser and flatter, more abstract image to the studies. This in turn encouraged the magnificent works such as *Horse at Lle Cul* where the sculpted rocky outcrops are painted with a few lines in bold flat colour.

Even thirty years after these pictures were painted it is still possible to feel the excitement of a new place full of all manner of fascinating subject matter. Y Wladfa was a jewel for Sir Kyffin. He was accepted there in a way only a Welshman could be accepted. He demonstrated time and again an understanding of their harsh and wonderful life in a land which remains part of Wales beyond the sea.

Sleidiau o'r Wladfa gan yr arlunydd
Slides taken by the artist in Patagonia

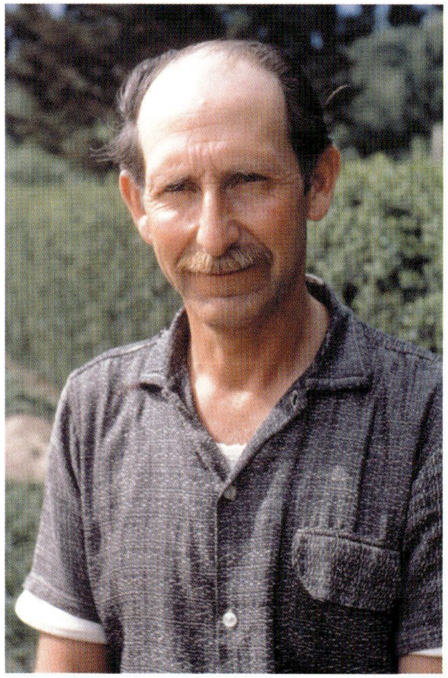

Henry Roberts

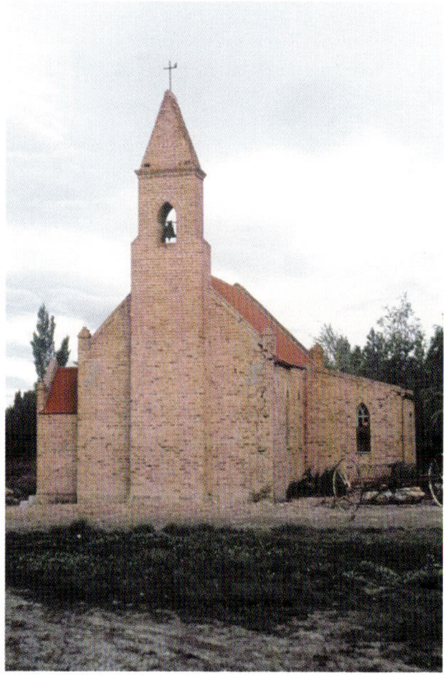

Eglwys Llanddewi

Llanddewi Church

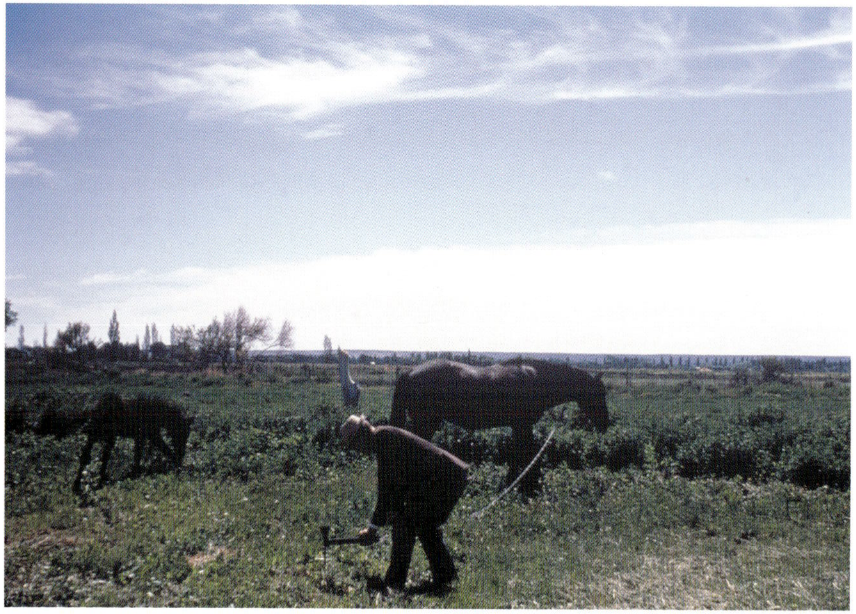

Kenny Evans, Drofa Dulog, Dyffryn Camwy

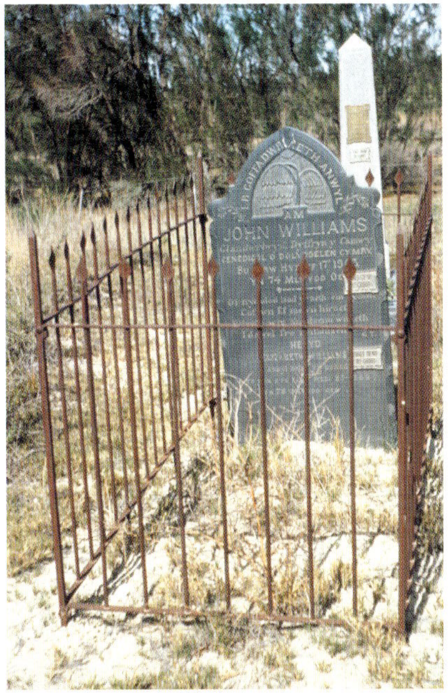

Un o gerrig beddi Dyffryn Camwy wedi ei cherfio gan Humphrey Williams, Bangor

A Dyffryn Camwy gravestone carved by Humphrey Williams, Bangor

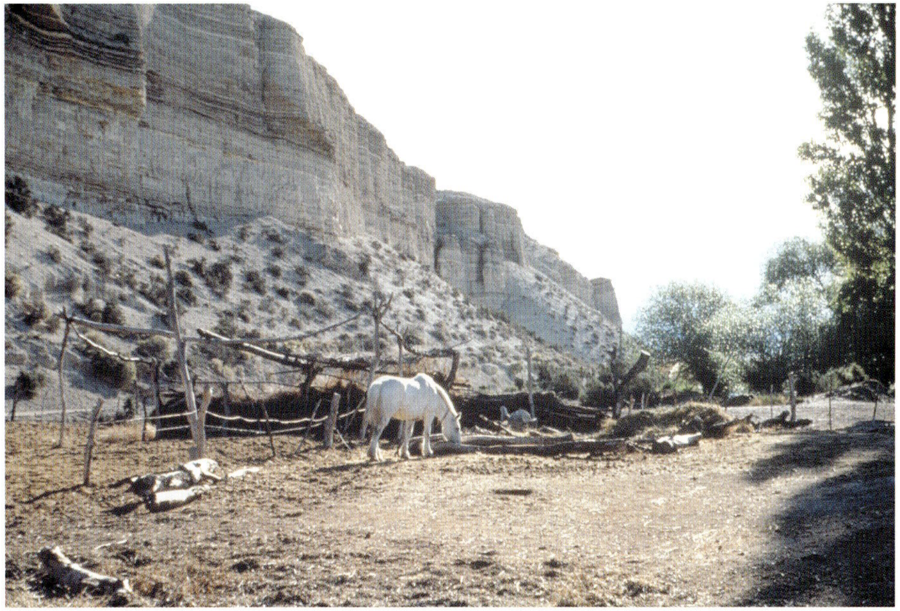

Fferm teulu'r Reynolds, Lle Cul

The Reynolds family farm at Lle Cul

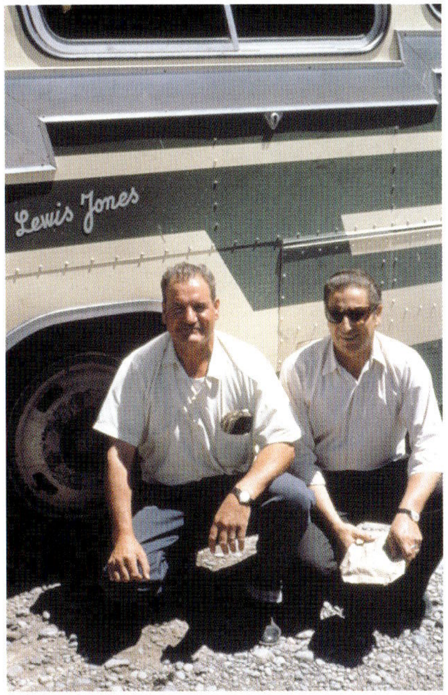

Gyrwyr bws Lewis Jones o Drelew

The Lewis Jones bus drivers at Trelew

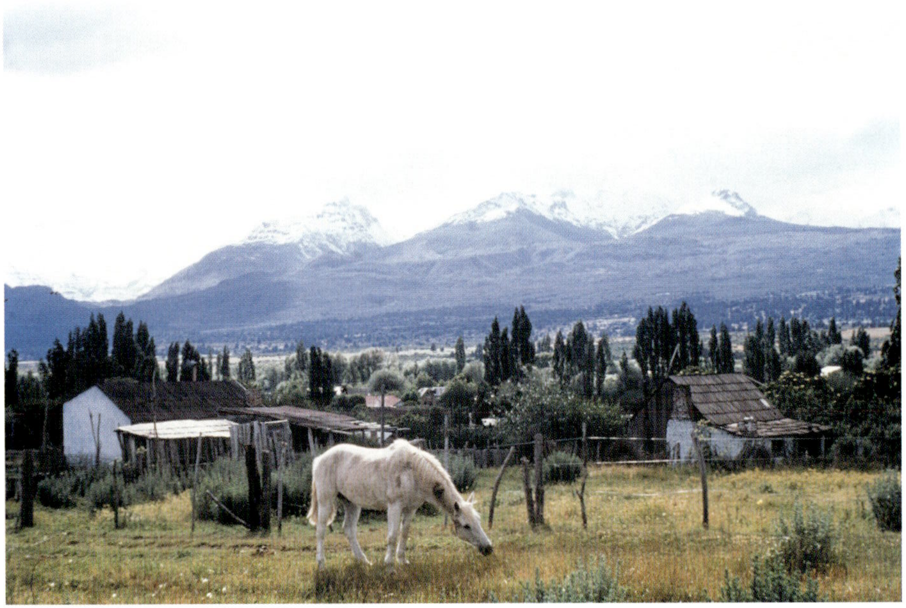

Cwm Hyfryd

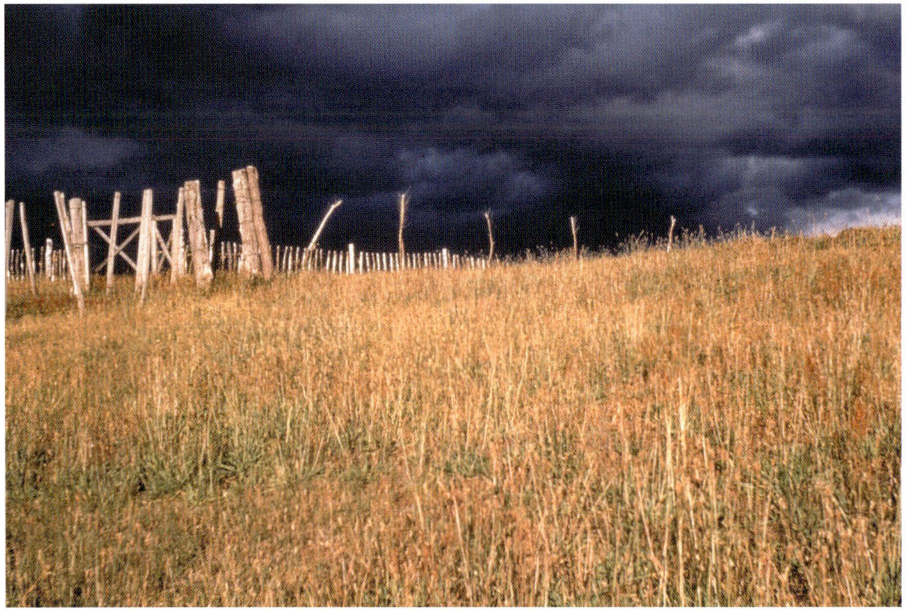

Ger Trevelin

Near Trevelin

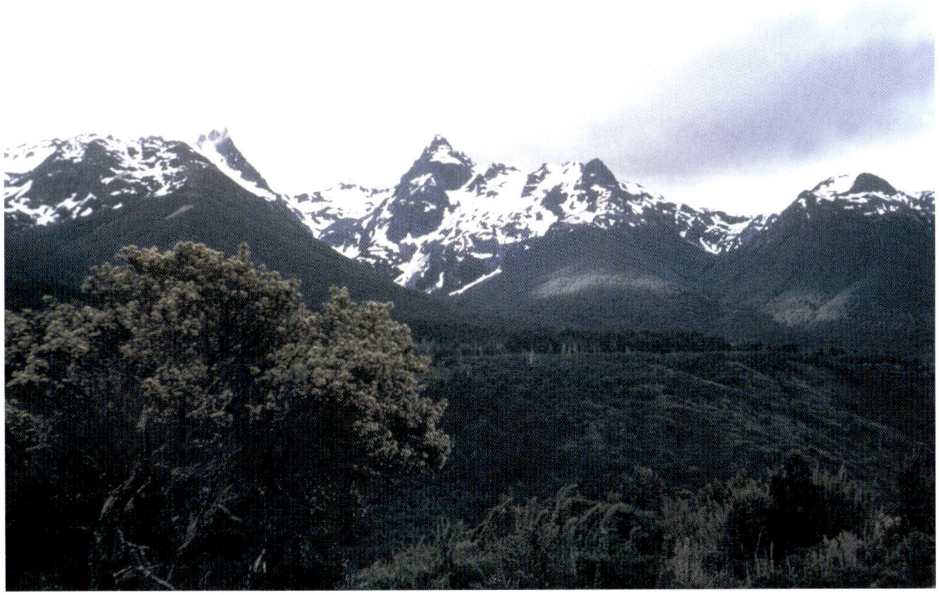

Ger Futalaufquen,
i'r gorllewin o Drevelin

*Near Futalaufquen,
to the west of Trevelin*

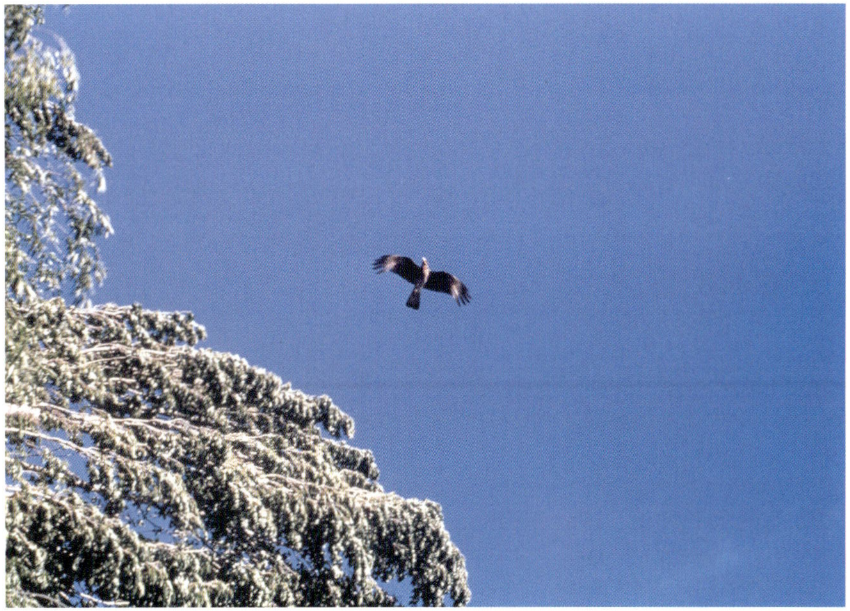

Chimango

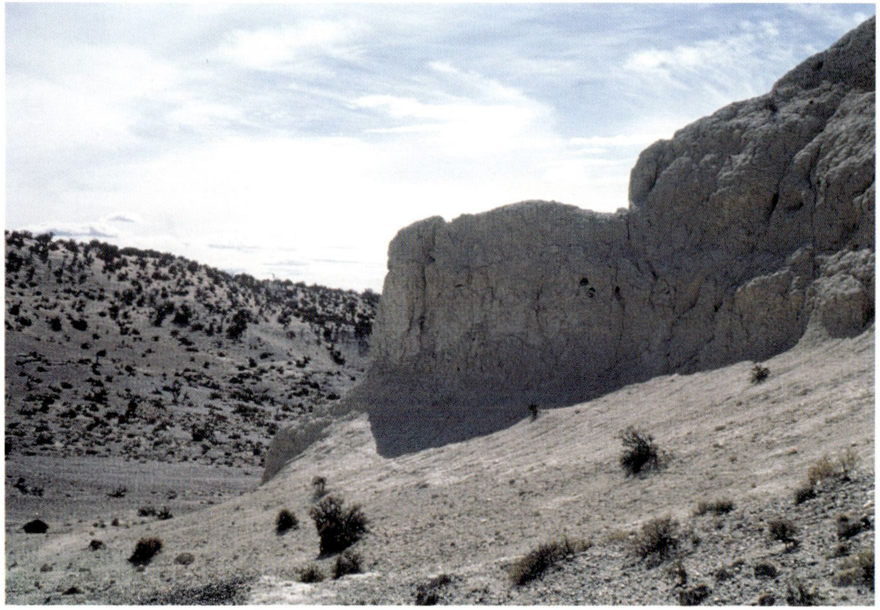

Hen Gastell

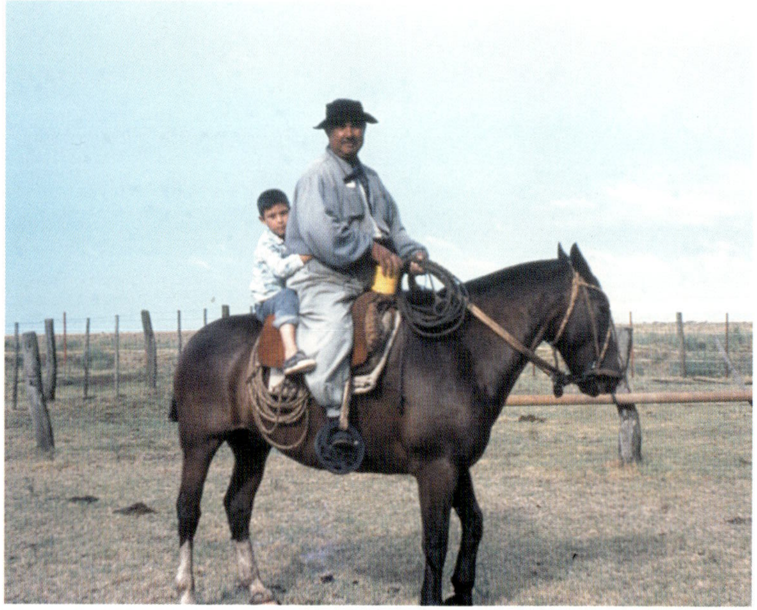

Gaucho
ger La Pampa

Gaucho
near La Pampa

Dyfrlliwiau a brasluniau wedi eu llunio yn y Wladfa

Drawings and watercolours produced in Patagonia

Blwch pren a luniwyd ar gyfer y dyfrlliwiau a'r dyluniadau gan saer coed yn y Wladfa

The wooden box constructed for the watercolours and drawings by a Patagonian carpenter

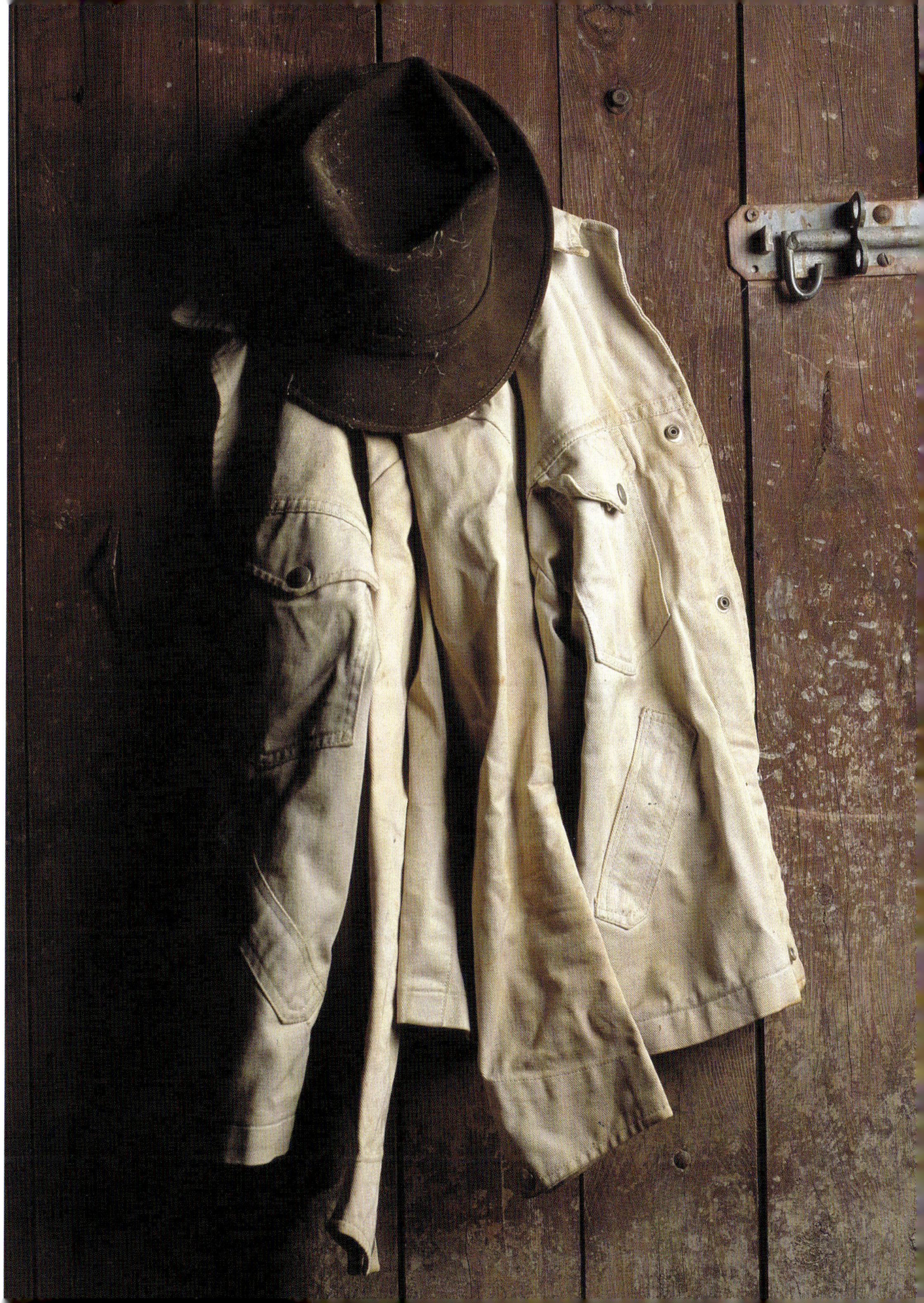

Siaced ddenim ysgafn a het a wisgwyd gan yr arlunydd tra'n gweithio ar ei ddyluniadau a'i ddyfrlliwiau awyr agored

The artist's light denim jacket and hat which he wore whilst working on his en plein air *drawings and watercolours*

Portreadau
Portraits

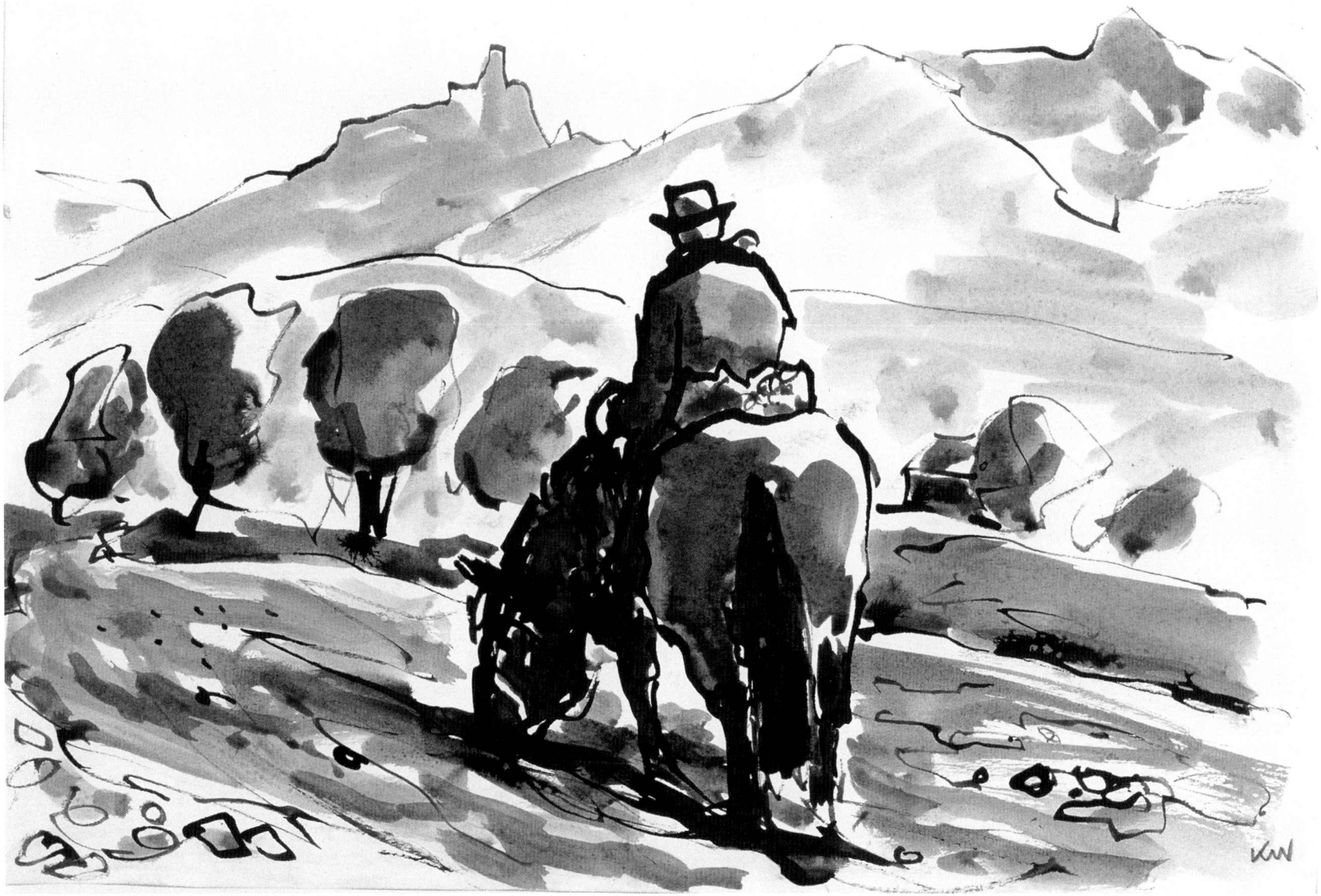

Myfi yn rhydio'r Rio Percy

Myself fording the Rio Percy

(AGC / NMW A 26043).

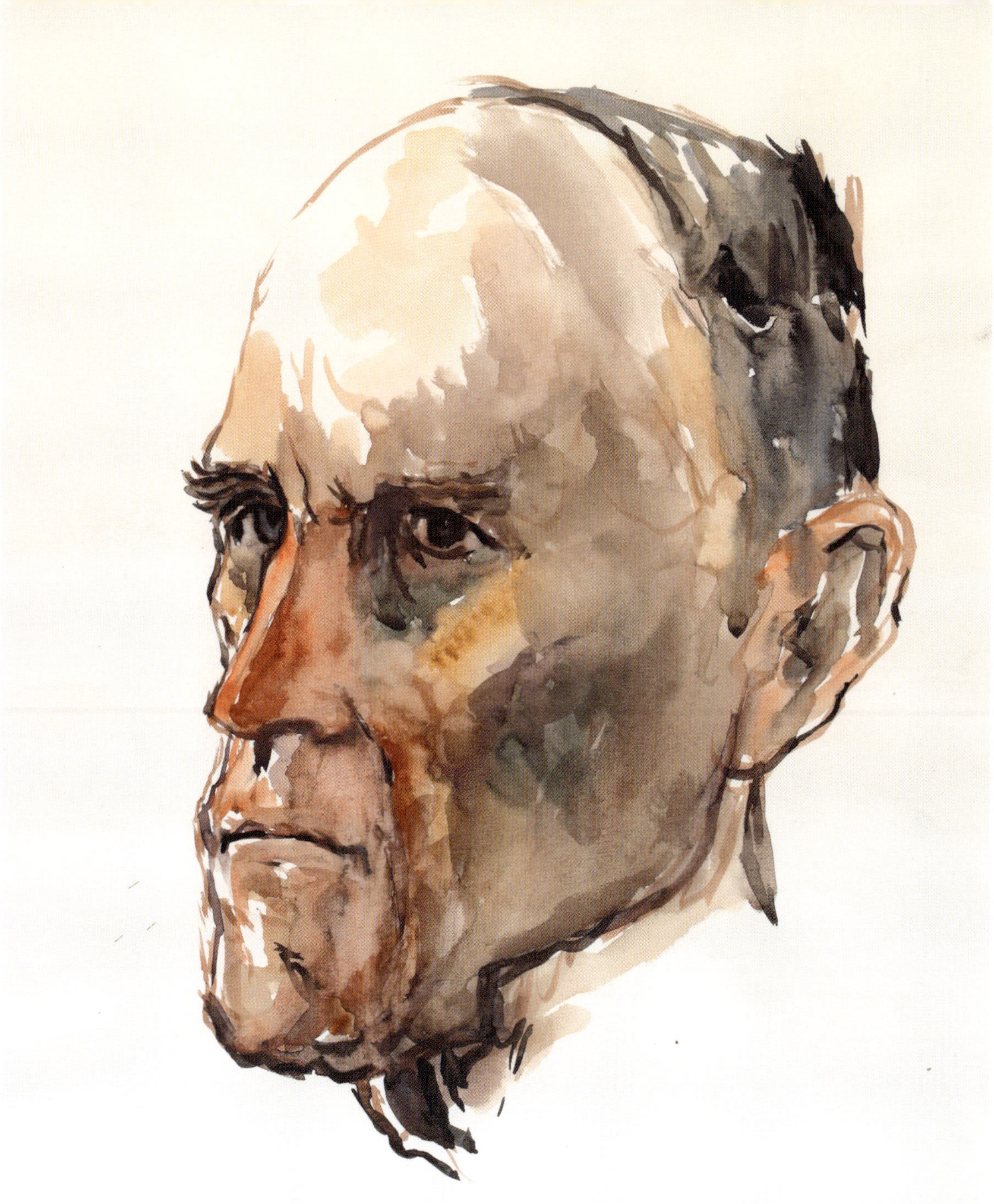

Brychan Evans
dyfrlliw

Brychan Evans
watercolour

PB7114

Ceri Ellis, Lle Cul
dyfrlliw

Ceri Ellis, Lle Cul
watercolour

PB7106

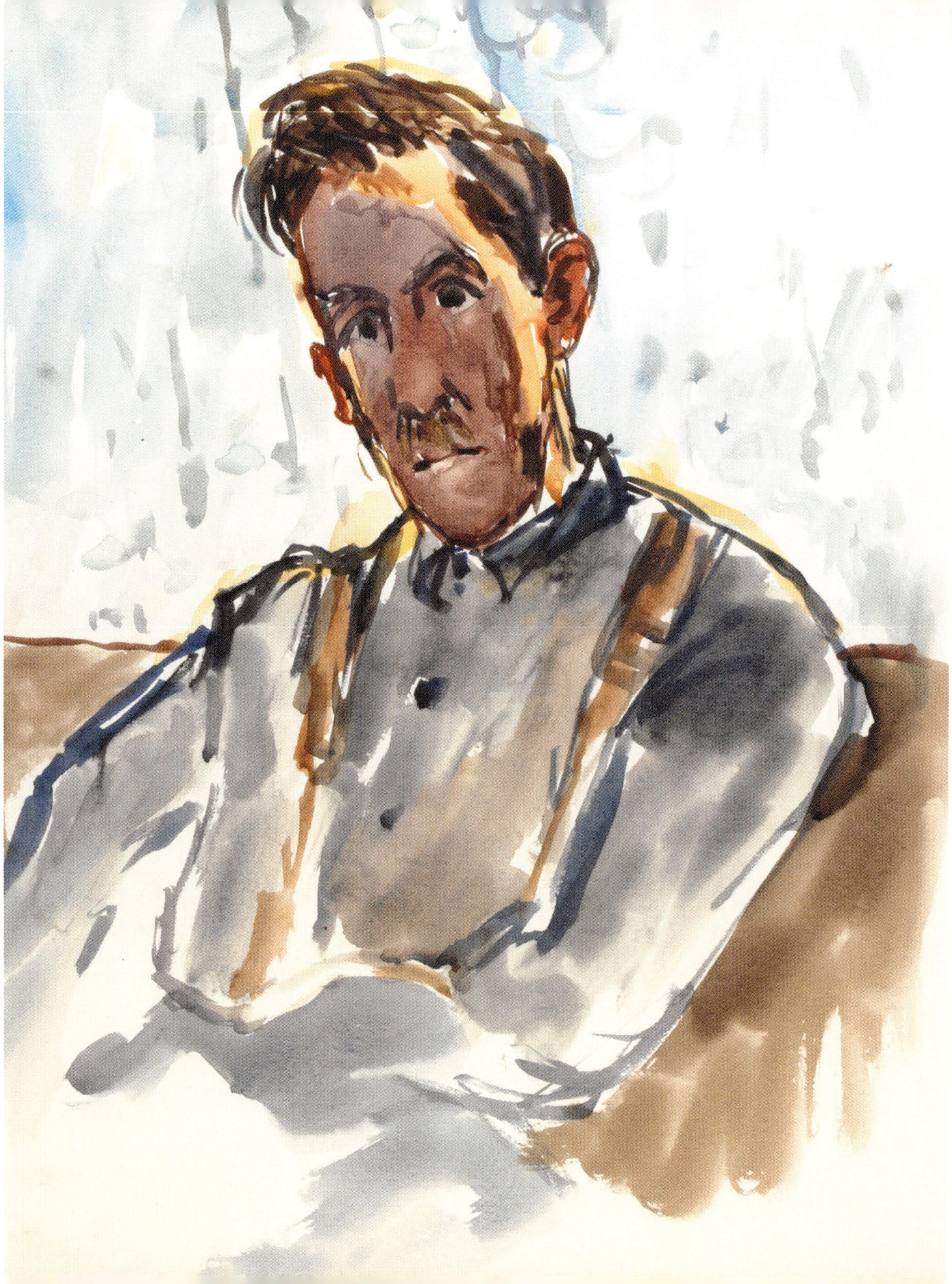

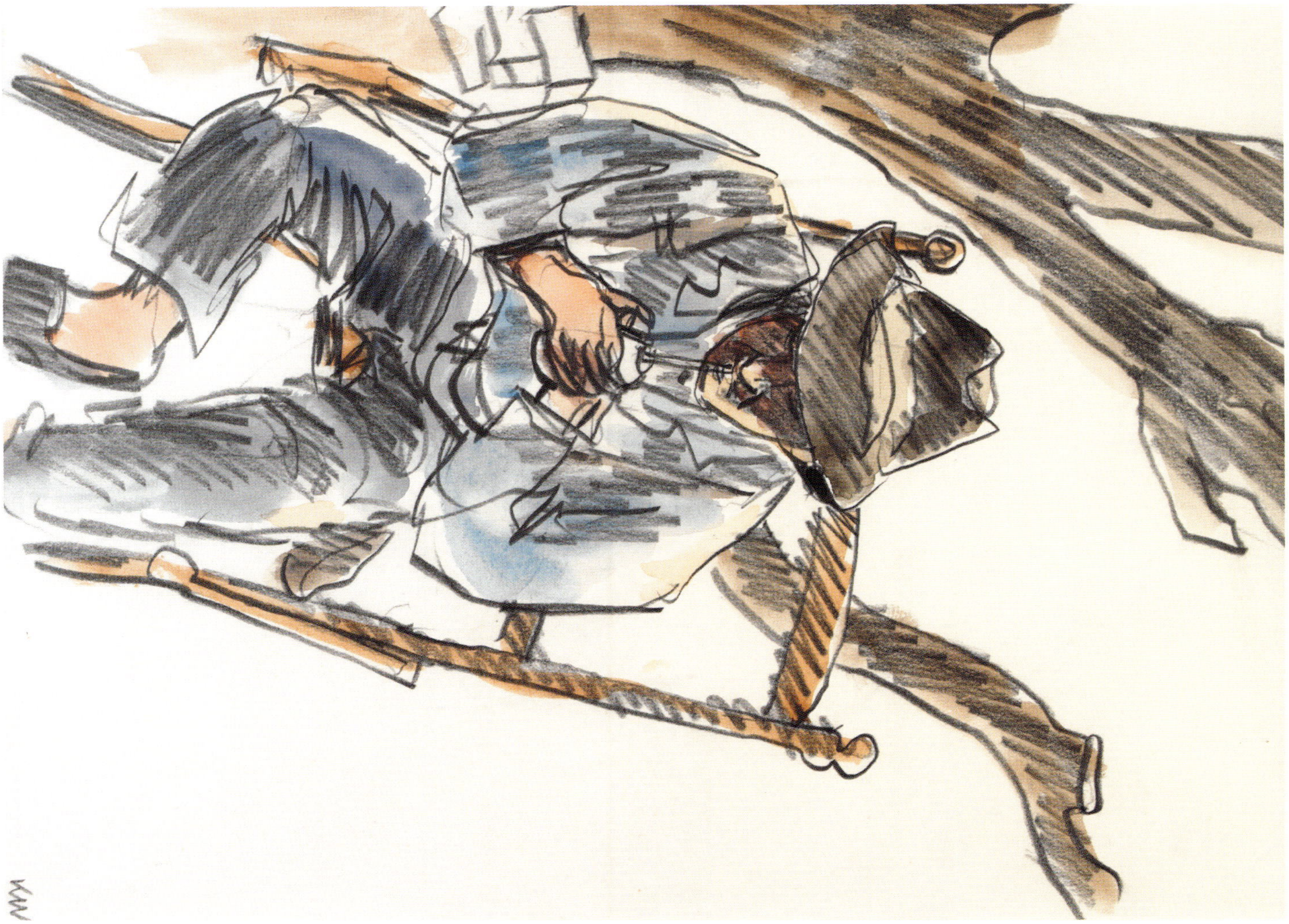

Ceri Ellis yn yfed *mate*
pensil a dyfrlliw

Ceri Ellis drinking mate
pencil and watercolour

PB7138

Ceri Ellis yn gwisgo het
pensil a dyfrlliw

Ceri Ellis in a hat
pencil and watercolour

PB7146

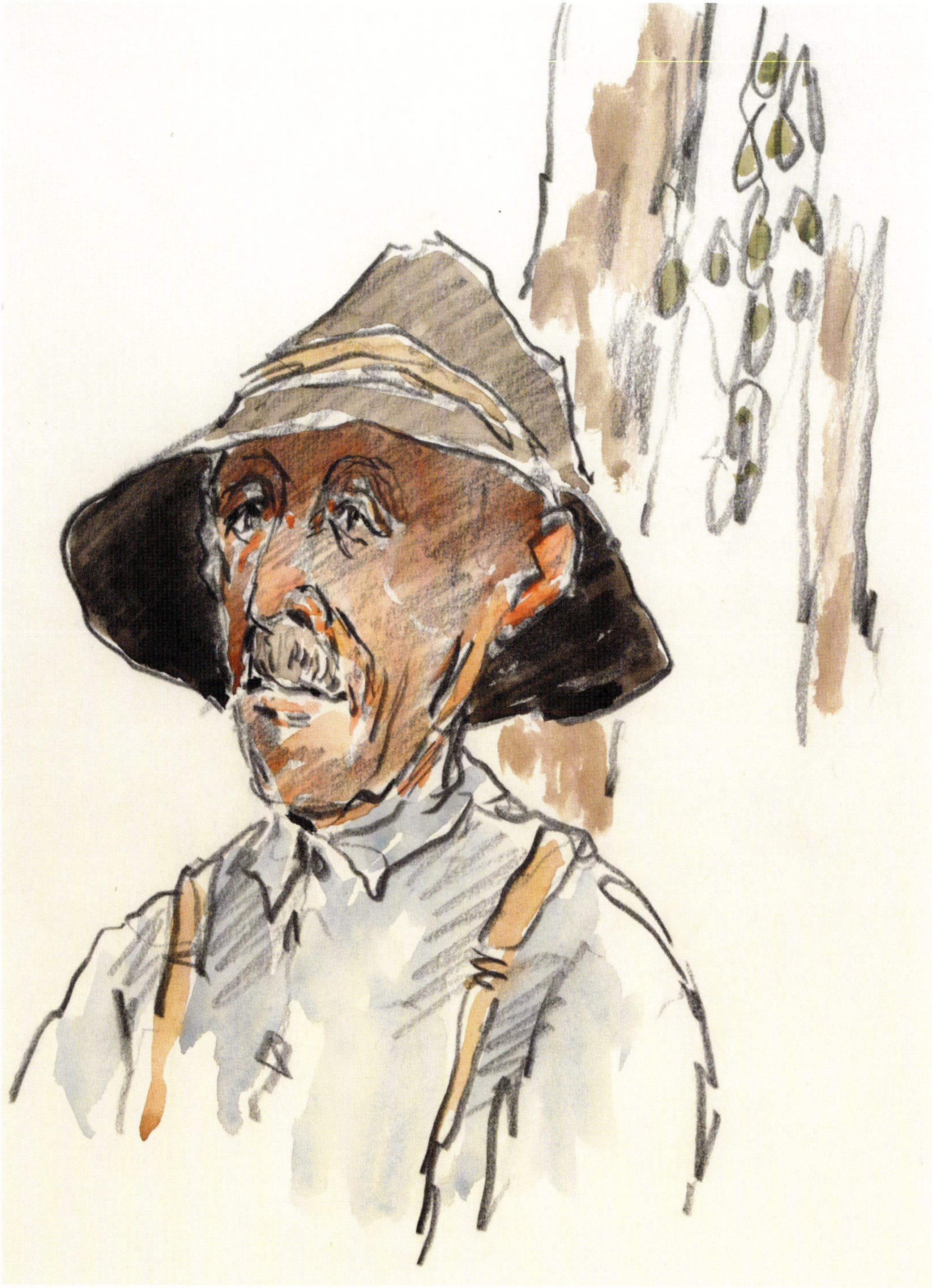

Teulu Reynolds yn Lle Cul
pensil a dyfrlliw

The Reynolds family at Lle Cul
watercolour and pencil

PB7122

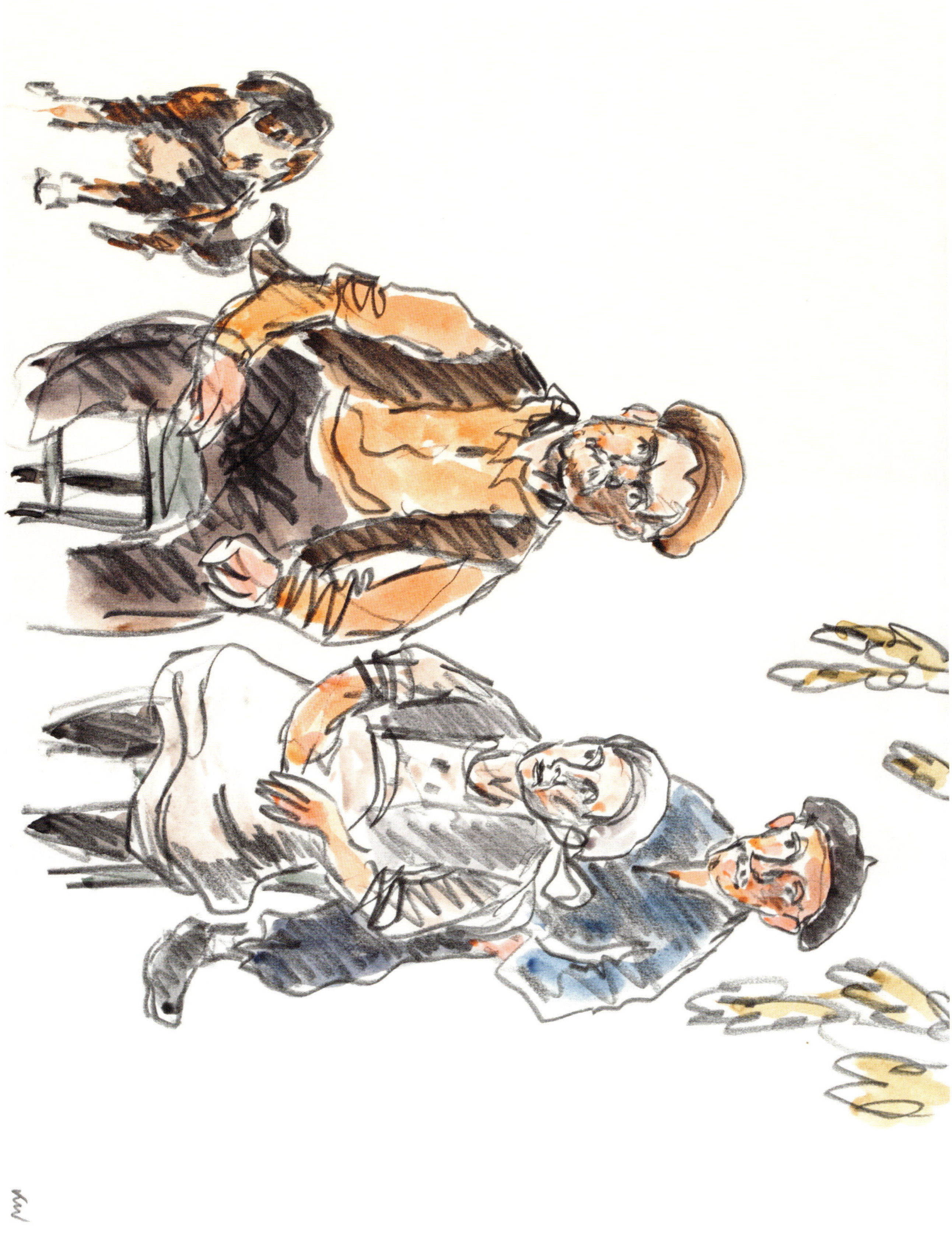

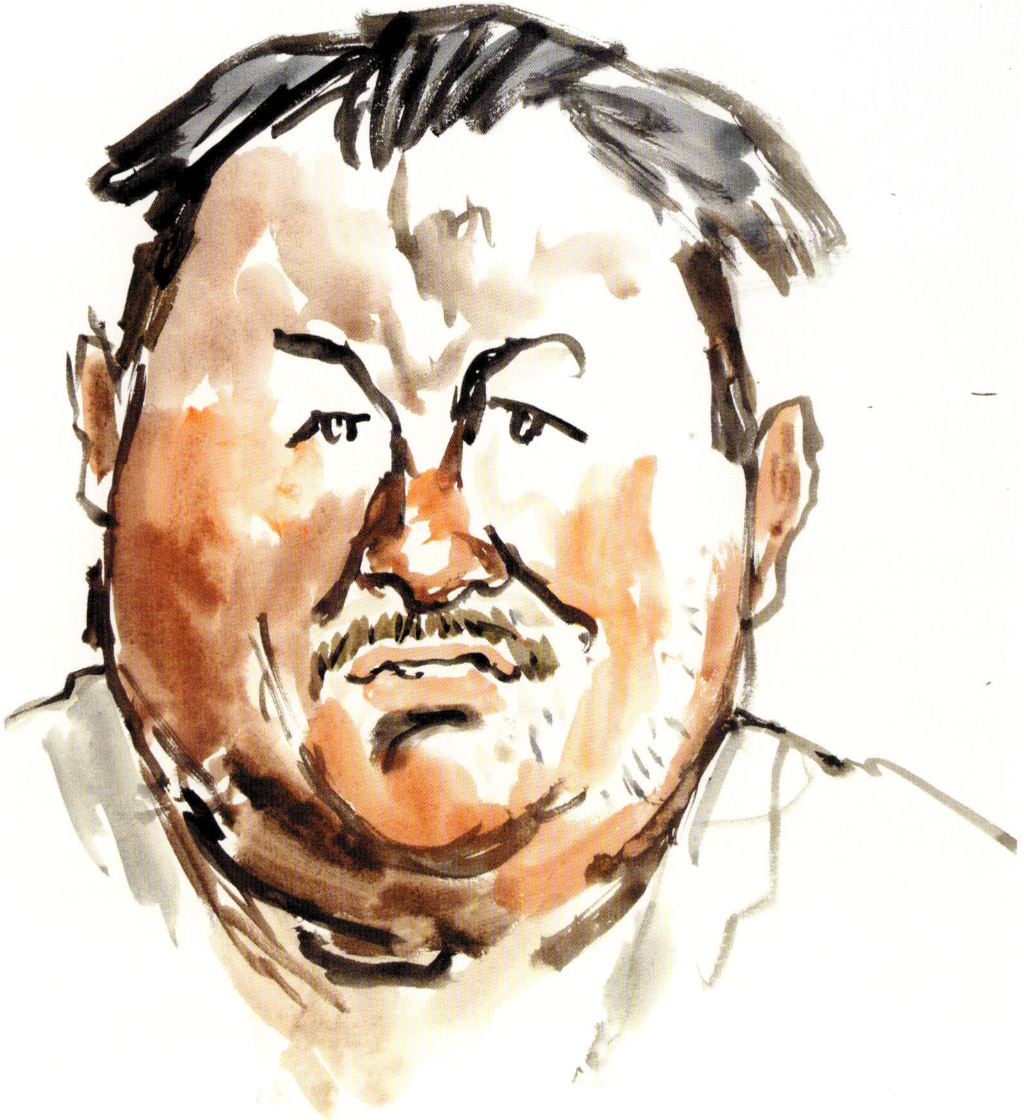

Winston Churchill Rees
dyfrlliw

Winston Churchill Rees
watercolour

PB7121

Evan Rees
pensil a dyfrlliw

Evan Rees
pencil and watercolour

PB7154

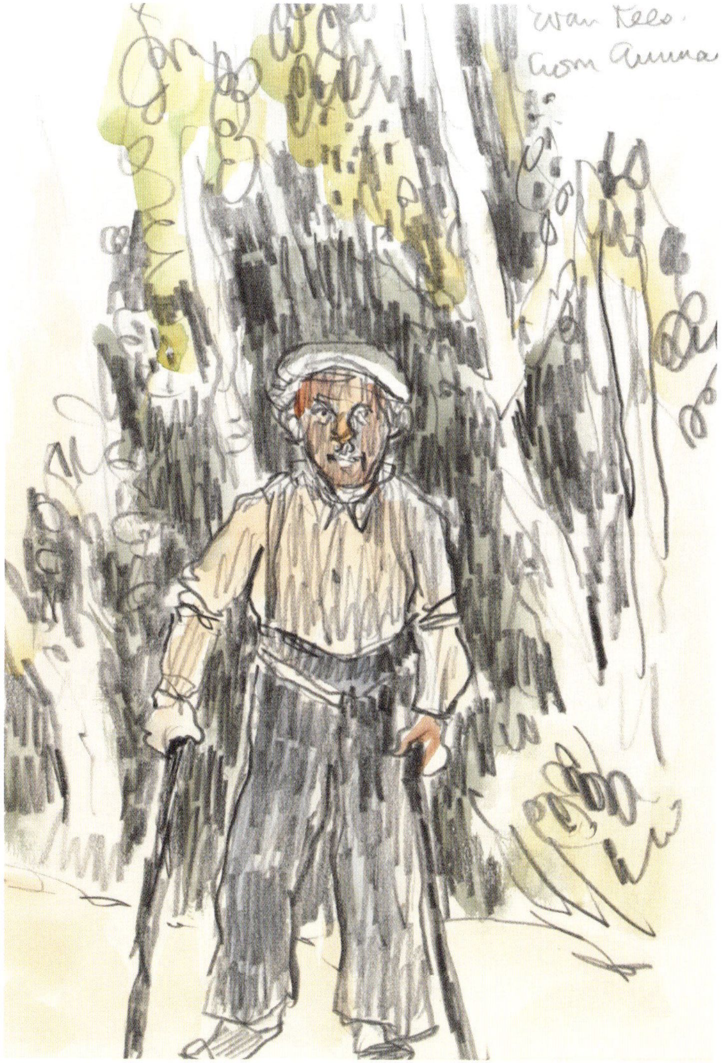

Norma Lopez
pensil a golch

Norma Lopez
pencil and wash

200313624

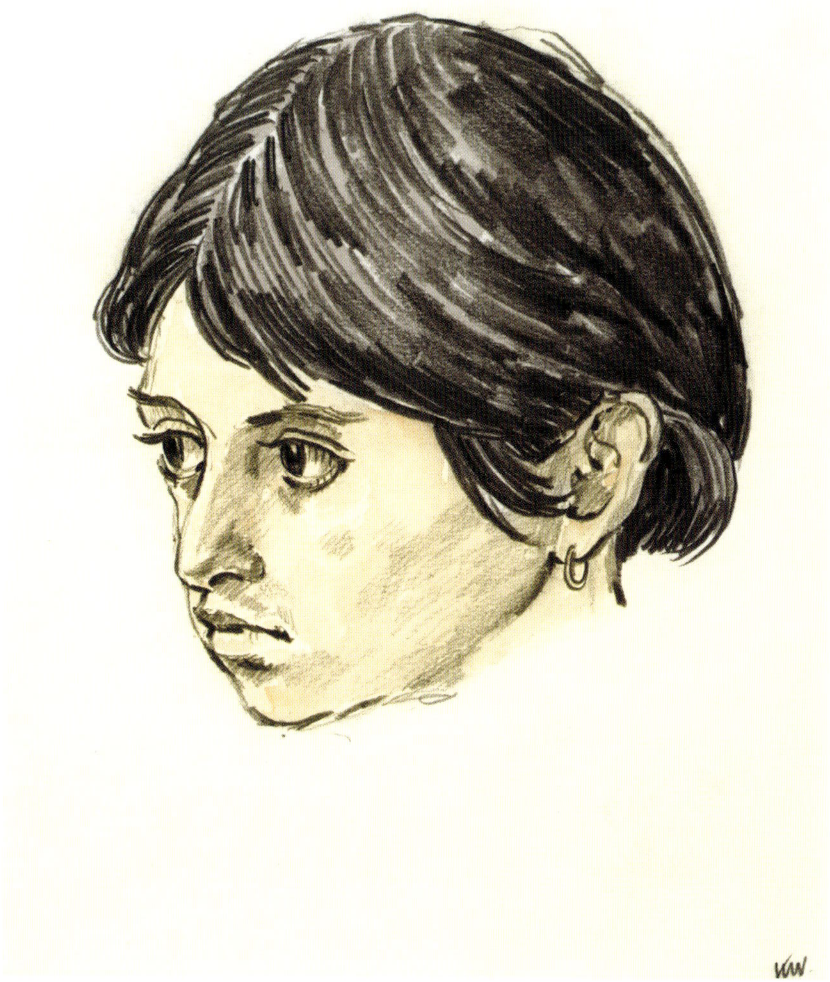

Tirluniau
Landscapes

Ogofeydd Porth Madryn, man glanio y fintai gyntaf
gouache

The caves at Porth Madryn, where the first settlers landed
gouache

PB7115

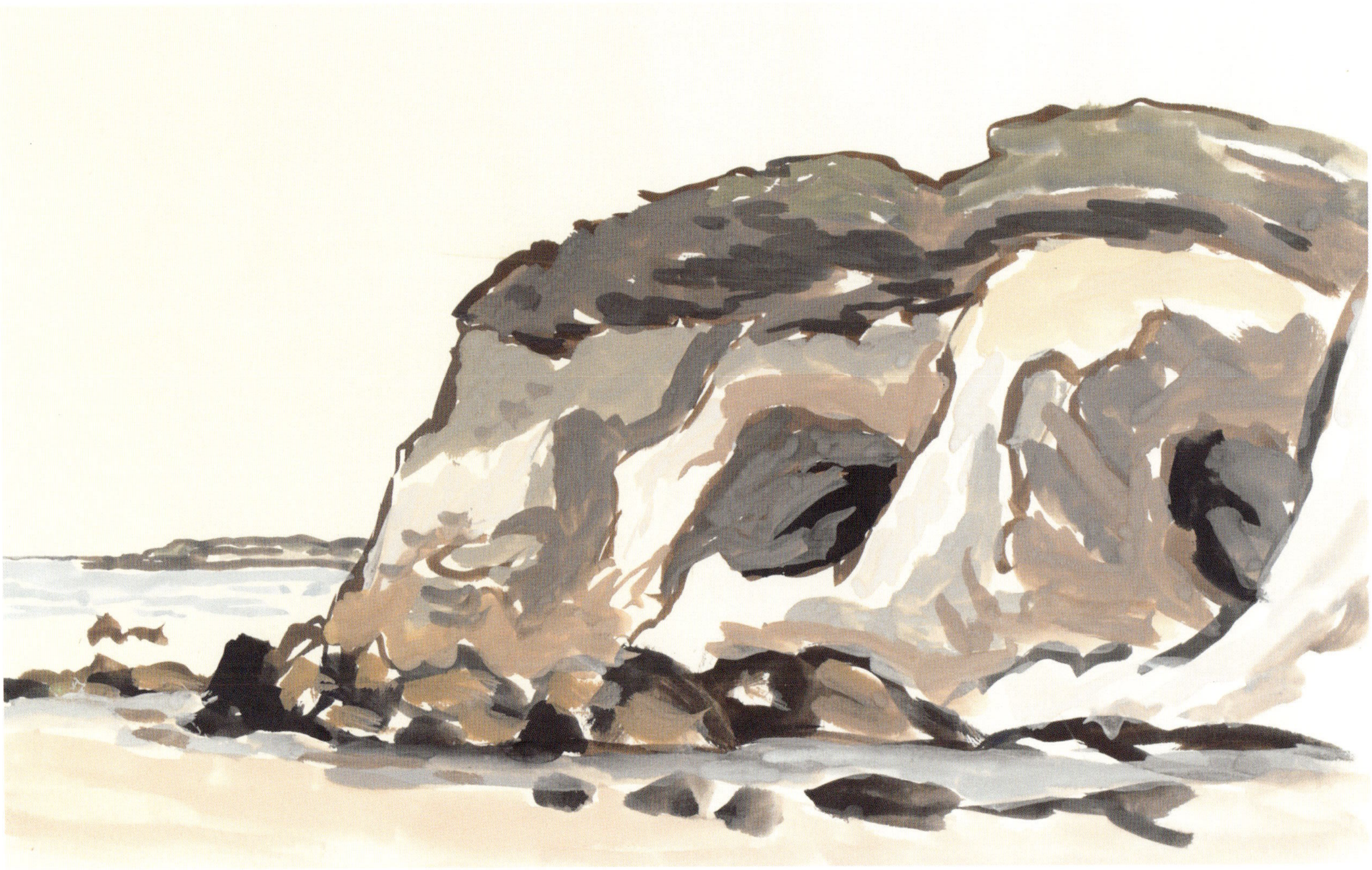

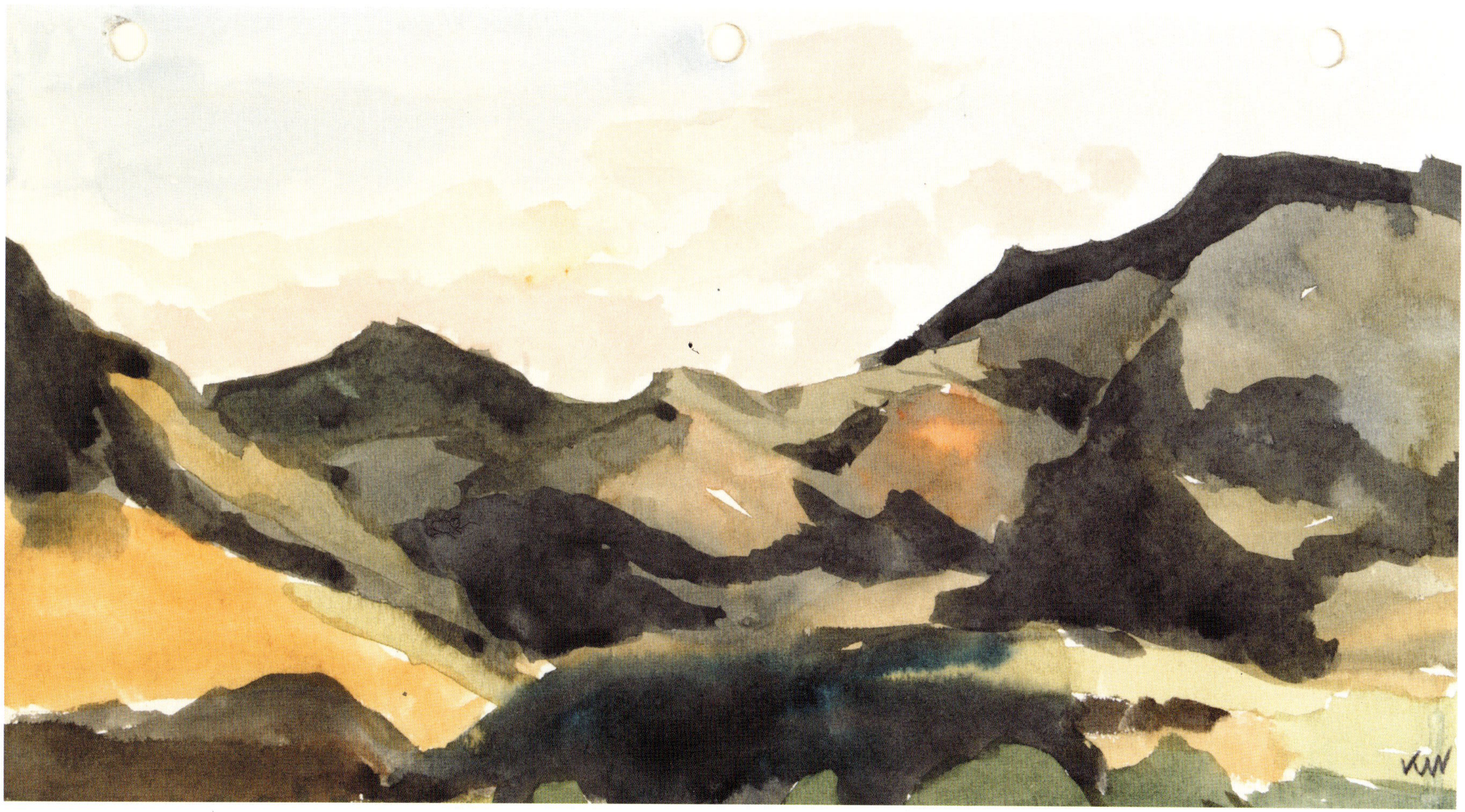

Pentre Sydyn
dyfrlliw

Pentre Sydyn
watercolour

PB7135

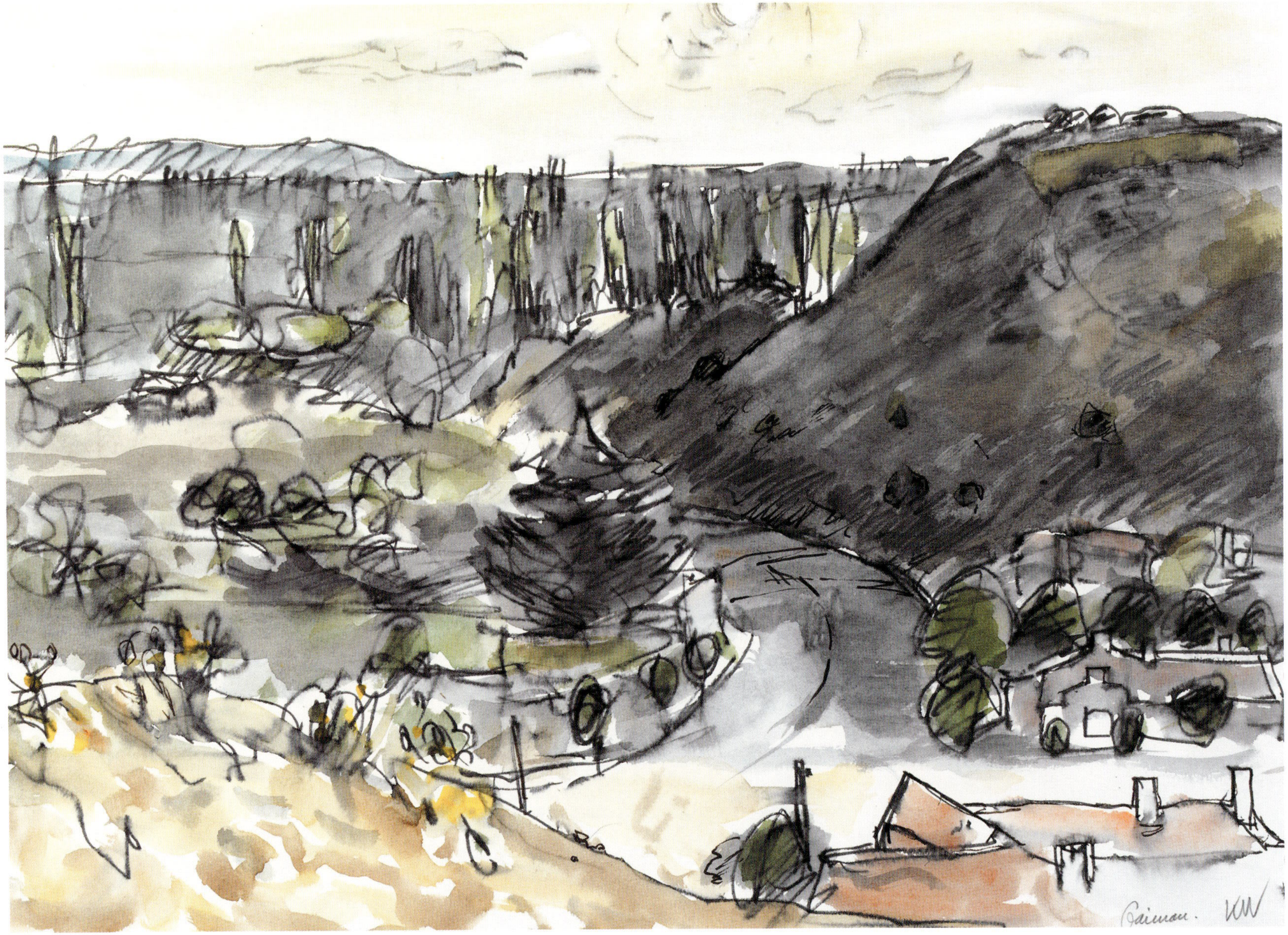

Gaiman
dyfrlliw, pen a phensil

Gaiman
watercolour, pen and pencil

200211179

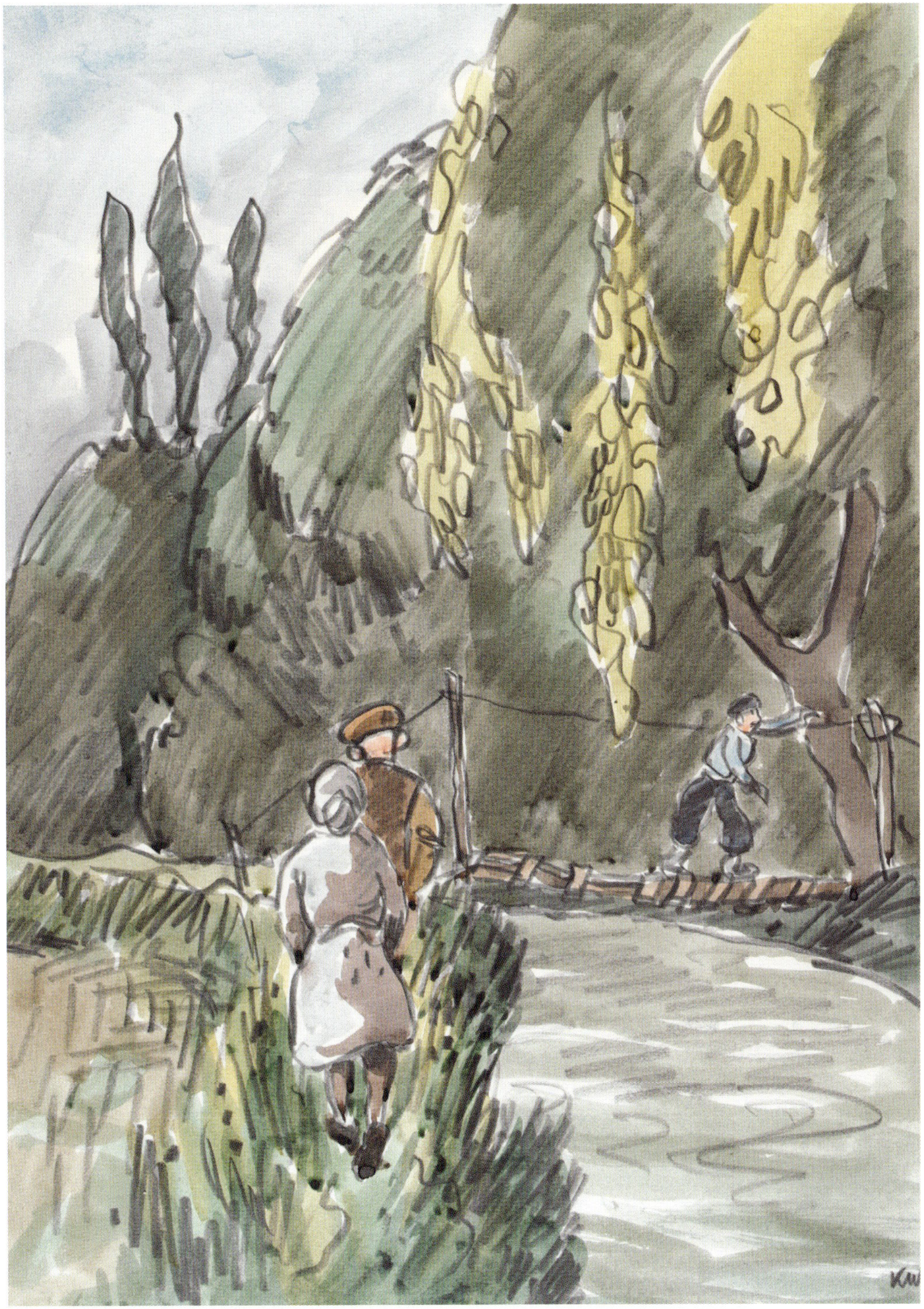

Ar hyd y Ffos
dyfrlliw a phensil

Along the Ffos
watercolour
and pencil

PB7117

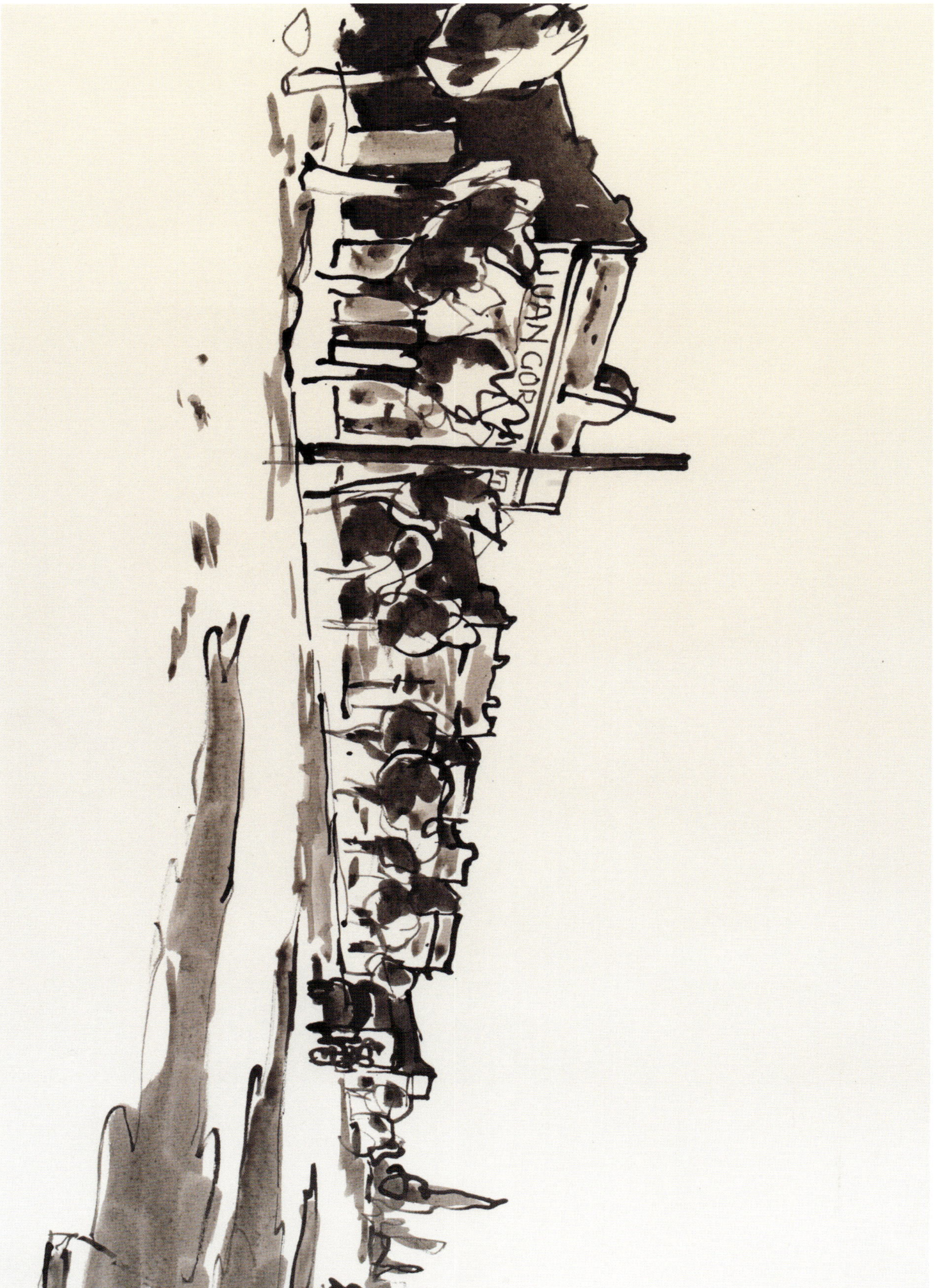

Y stryd fawr, Dolavon | *The main street at Dolavon*
pen ac inc | *pen and ink*
PB7123

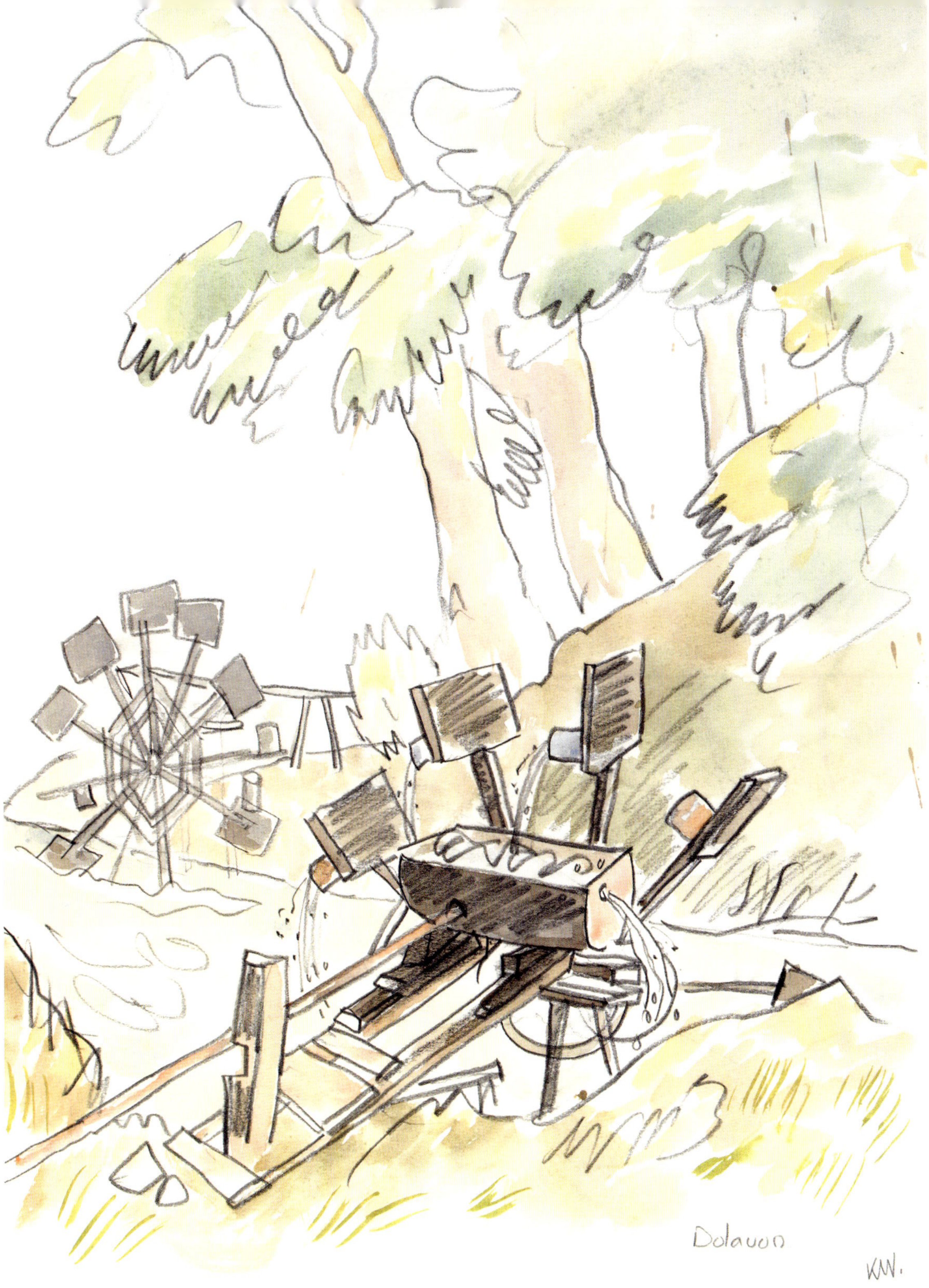

Olwynion dŵr
yn Nolavon
dyfrlliw a phensil

Water wheels
at Dolavon
watercolour
and pencil

PB7101

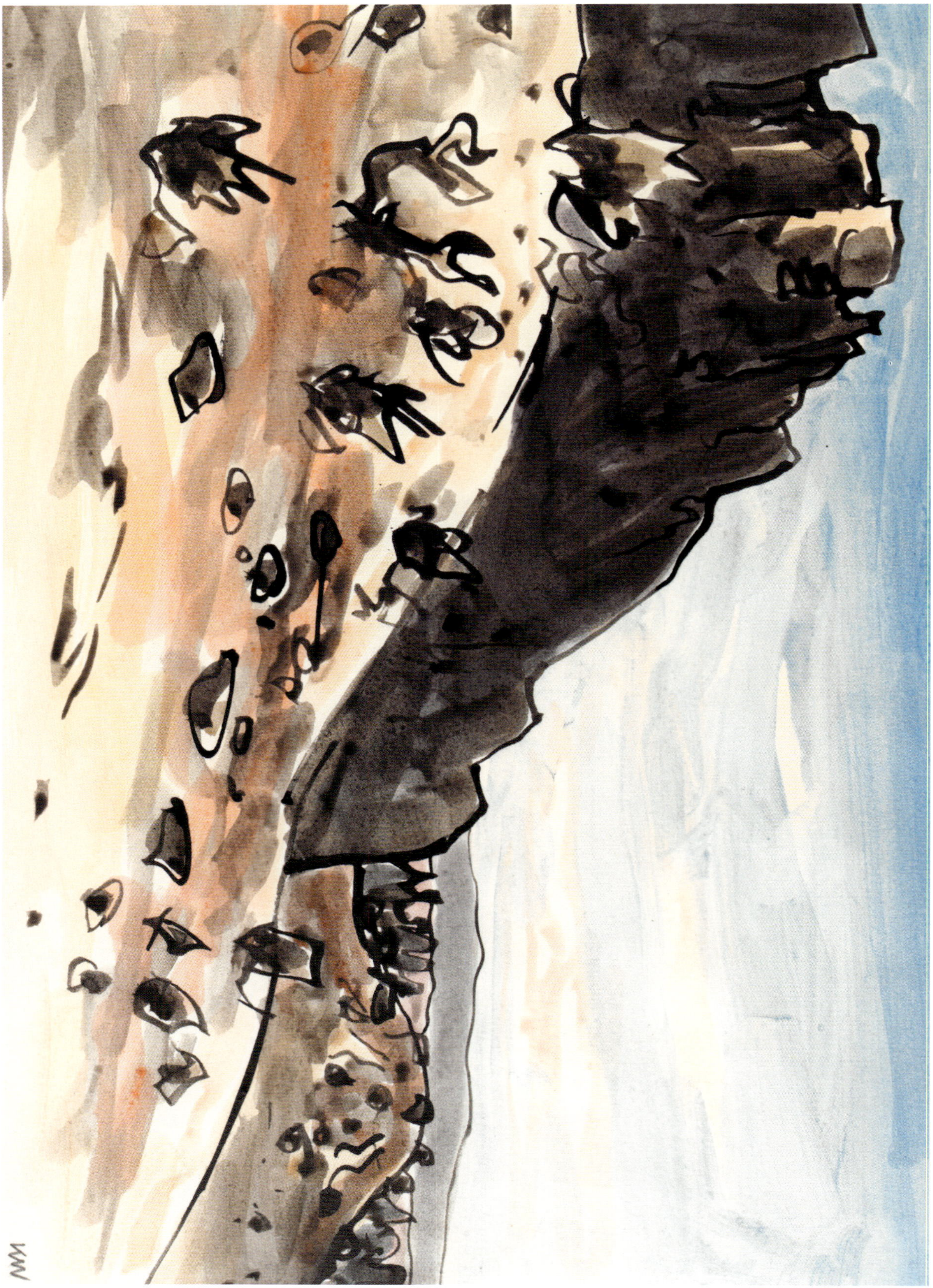

Hen Gastell,
Dyffryn Camwy
dyfrlliw, golch pen ac inc

Hen Gastell, Dyffryn Camwy
watercolour, pen and ink wash

PB7133

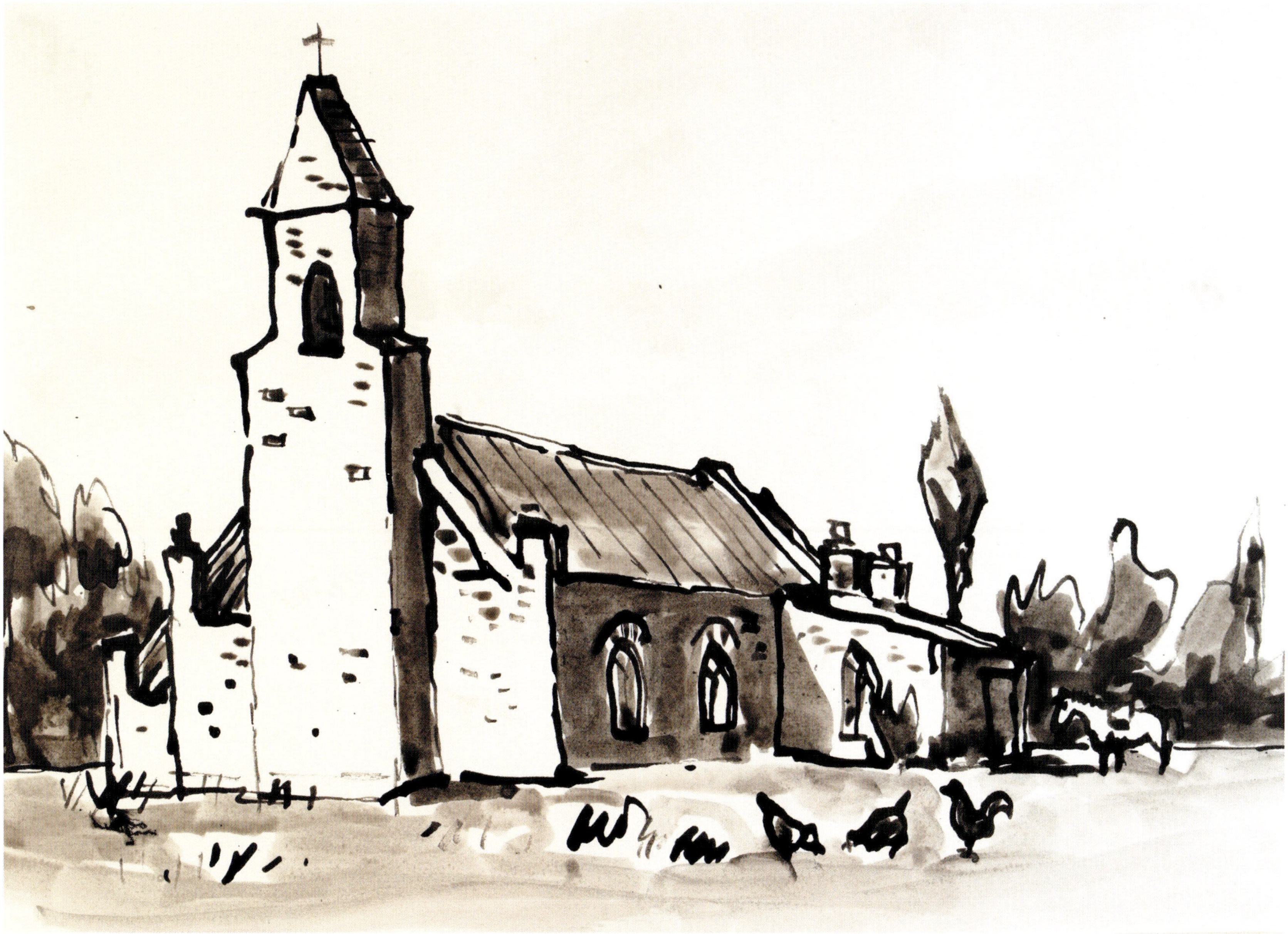

Eglwys Llanddewi
pen ac inc

Llanddewi Church
pen and ink

PB7157

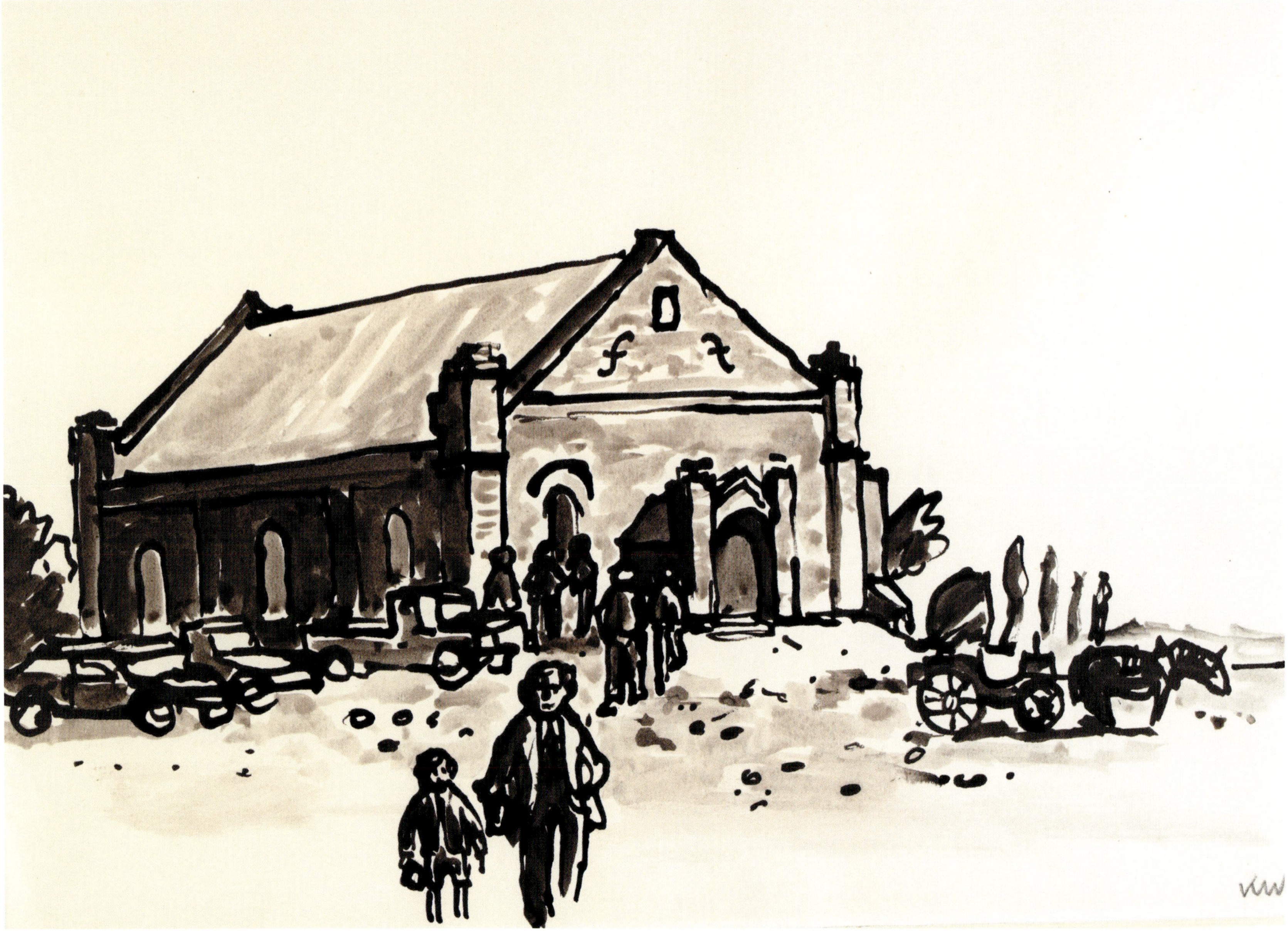

Capel Bryn Crwn | *Bryn Crwn Chapel*
pen ac inc | *pen and ink*

PB7140

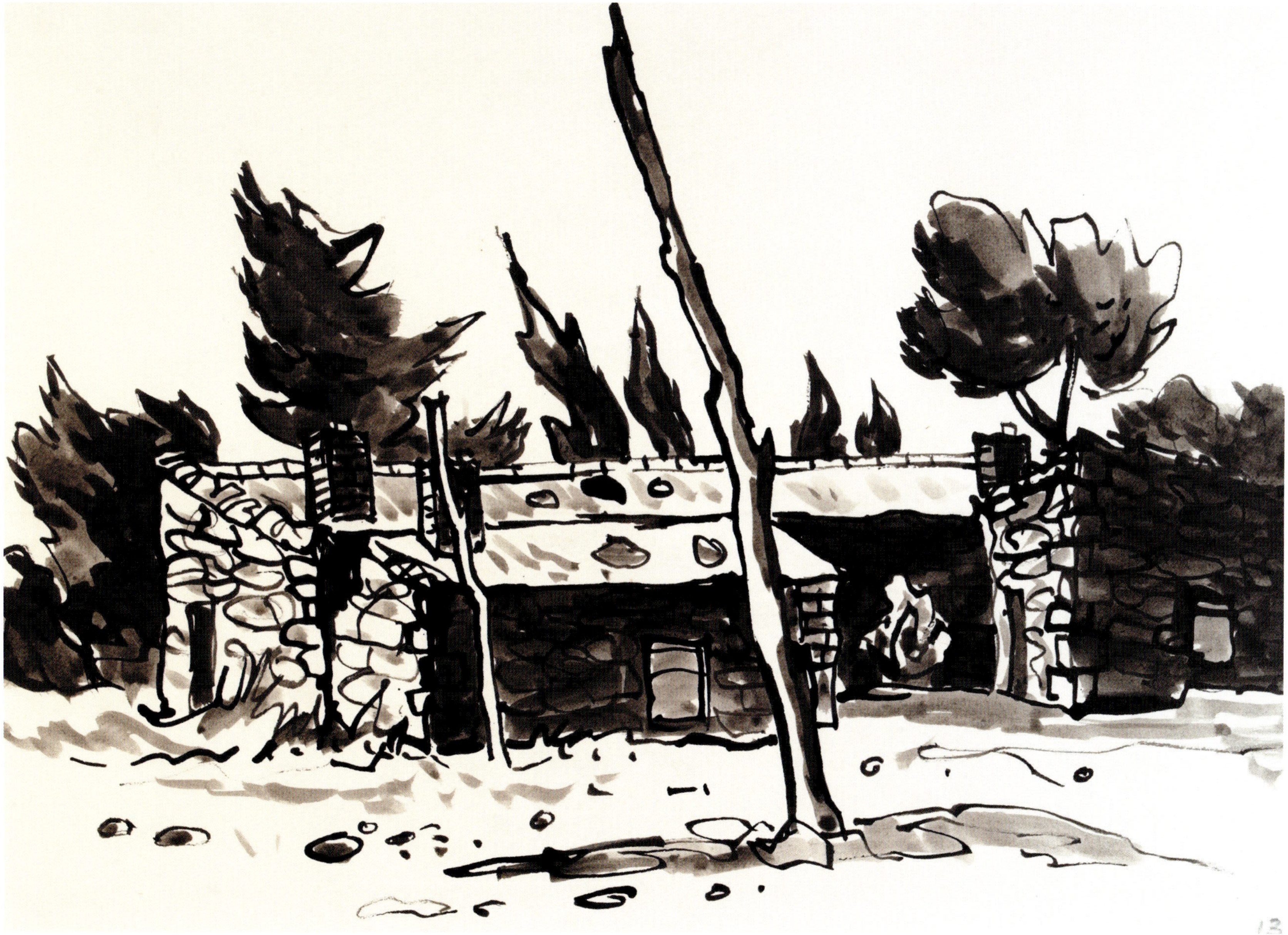

Hen dŷ Gaiman
pen ac inc

Old House in Gaiman
pen and ink

PB7151

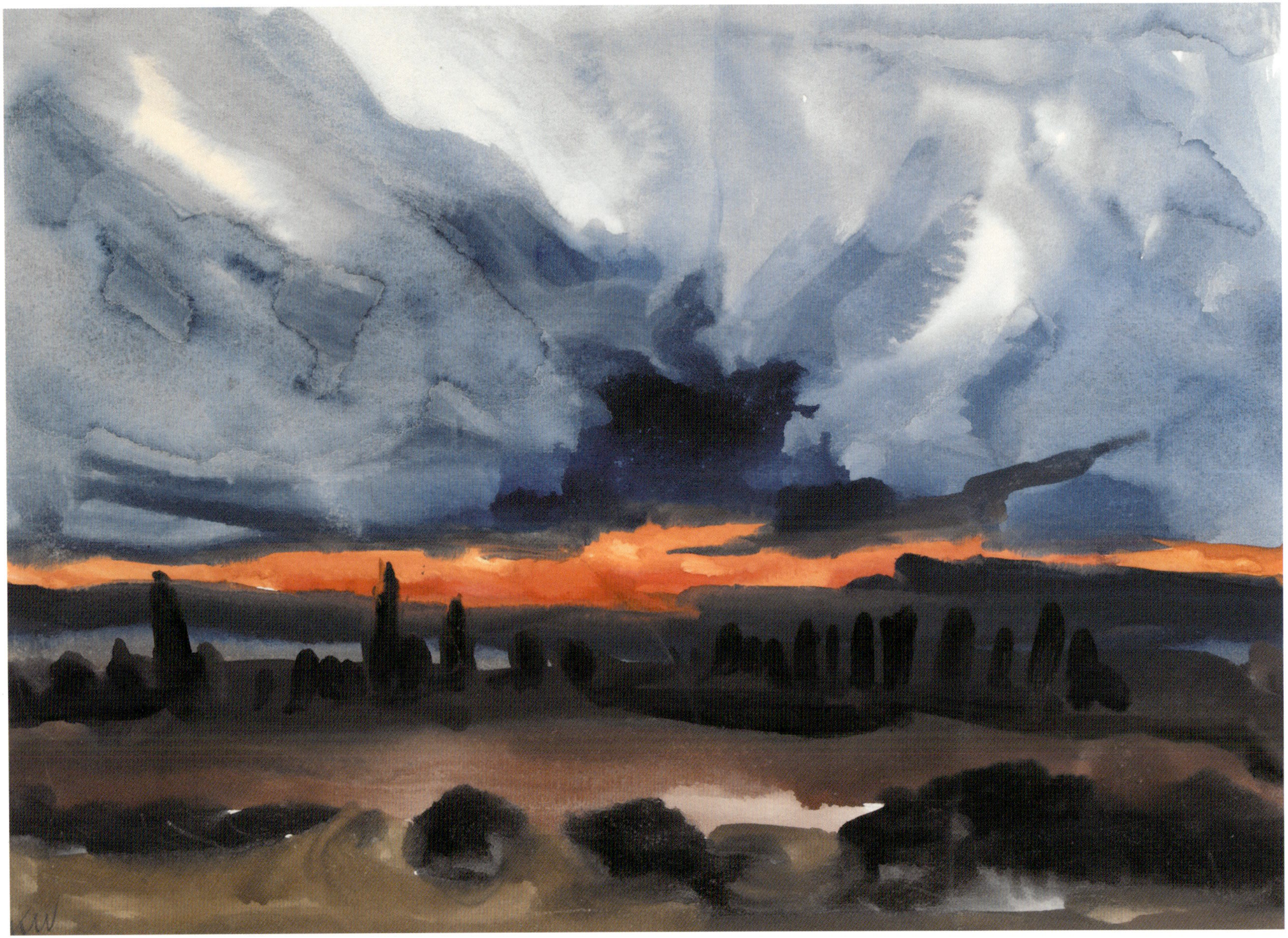

Machlud dros Ddyffryn Camwy
gouache a dyfrlliw

Sunset over Dyffryn Camwy
gouache and watercolour

PB7129

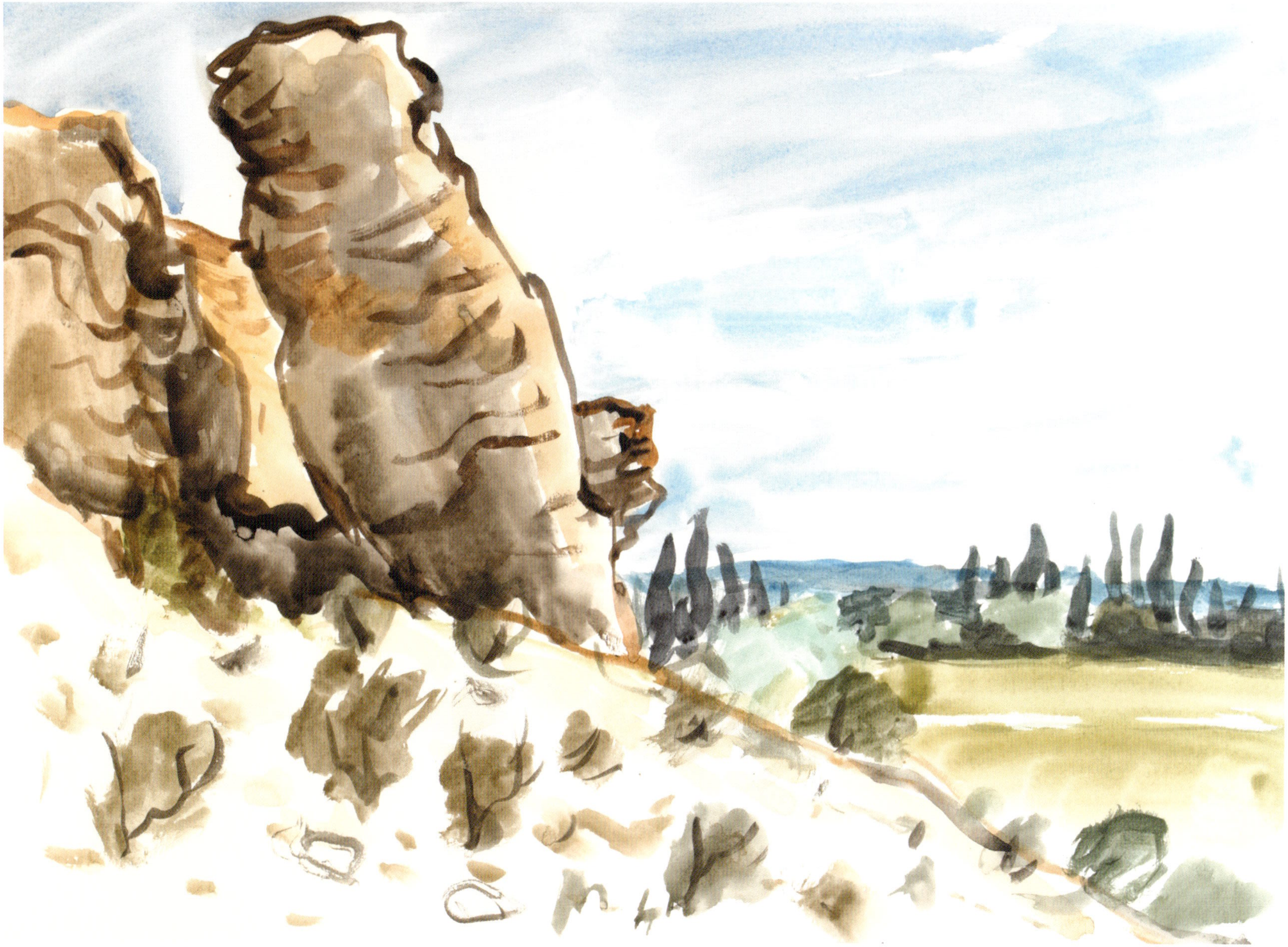

Creigiau Lle Cul rhif 1
dyfrlliw

Rocks at Lle Cul no.1
watercolour

PB7120

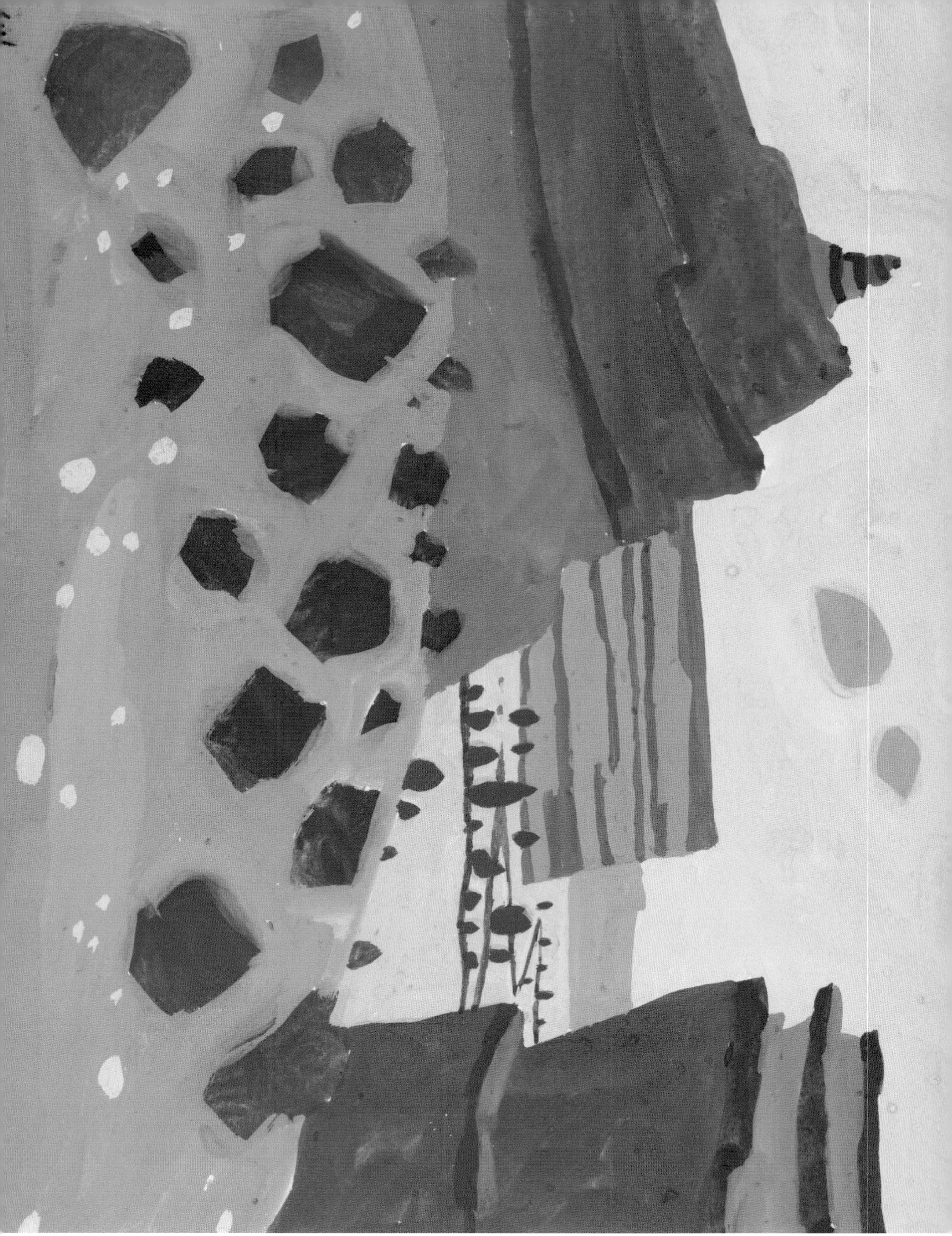

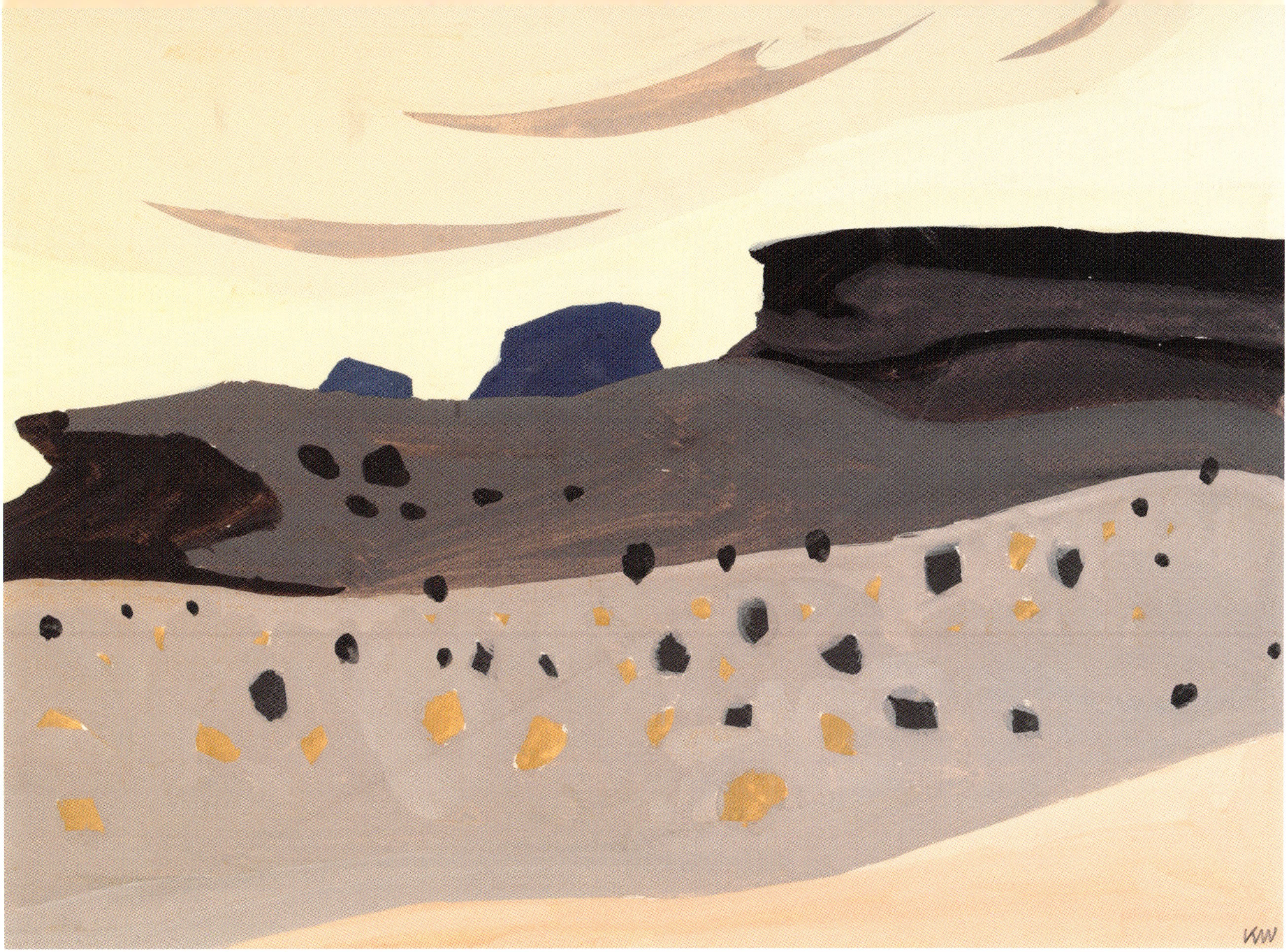

Los Altares
gouache

PB7139

Golygfa ger Los Altares
gouache

Landscape near Los Altares
gouache

PB7132

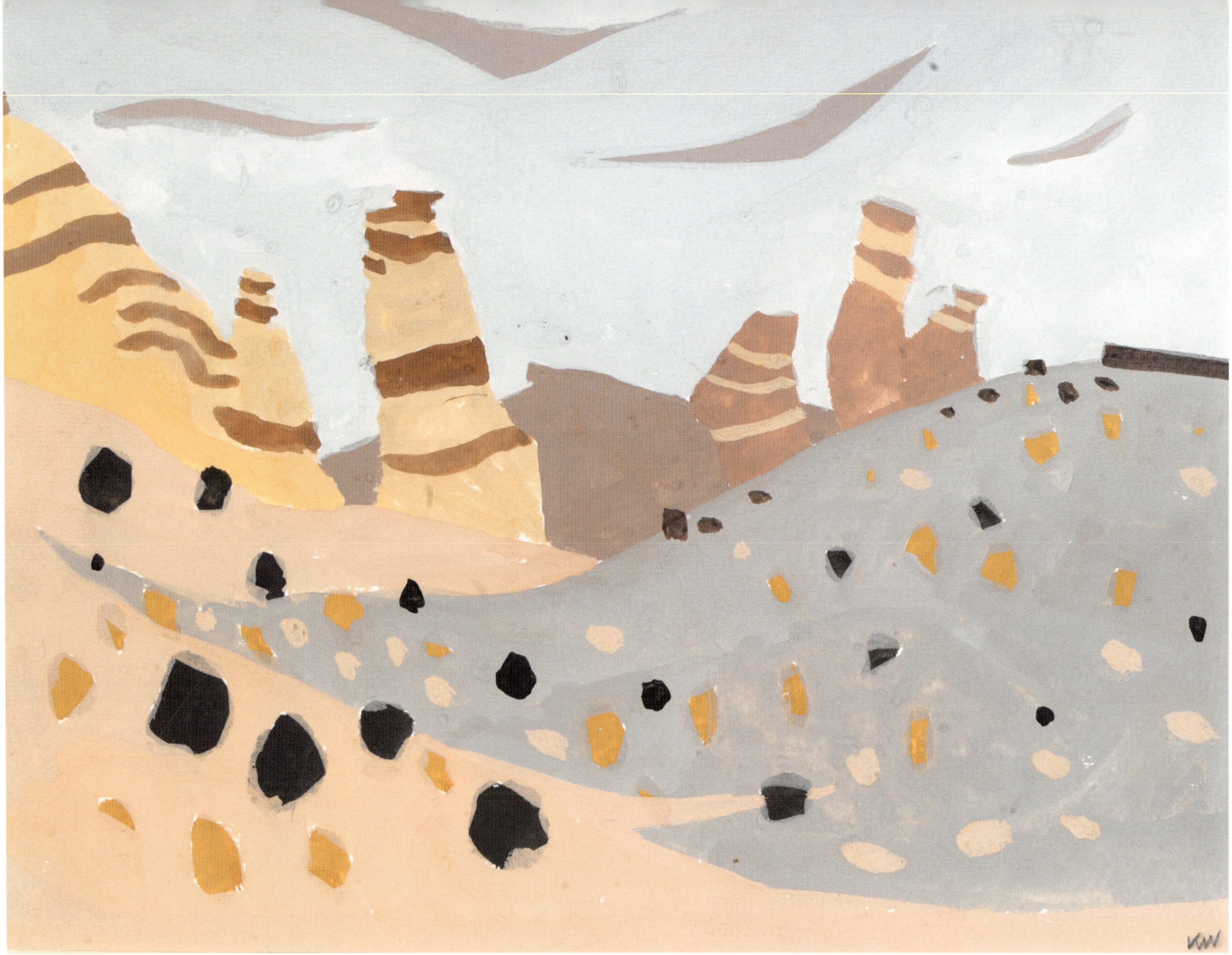

Creigiau ger Las Plumas | *Rocks near Las Plumas*
gouache | *gouache*

PB7131

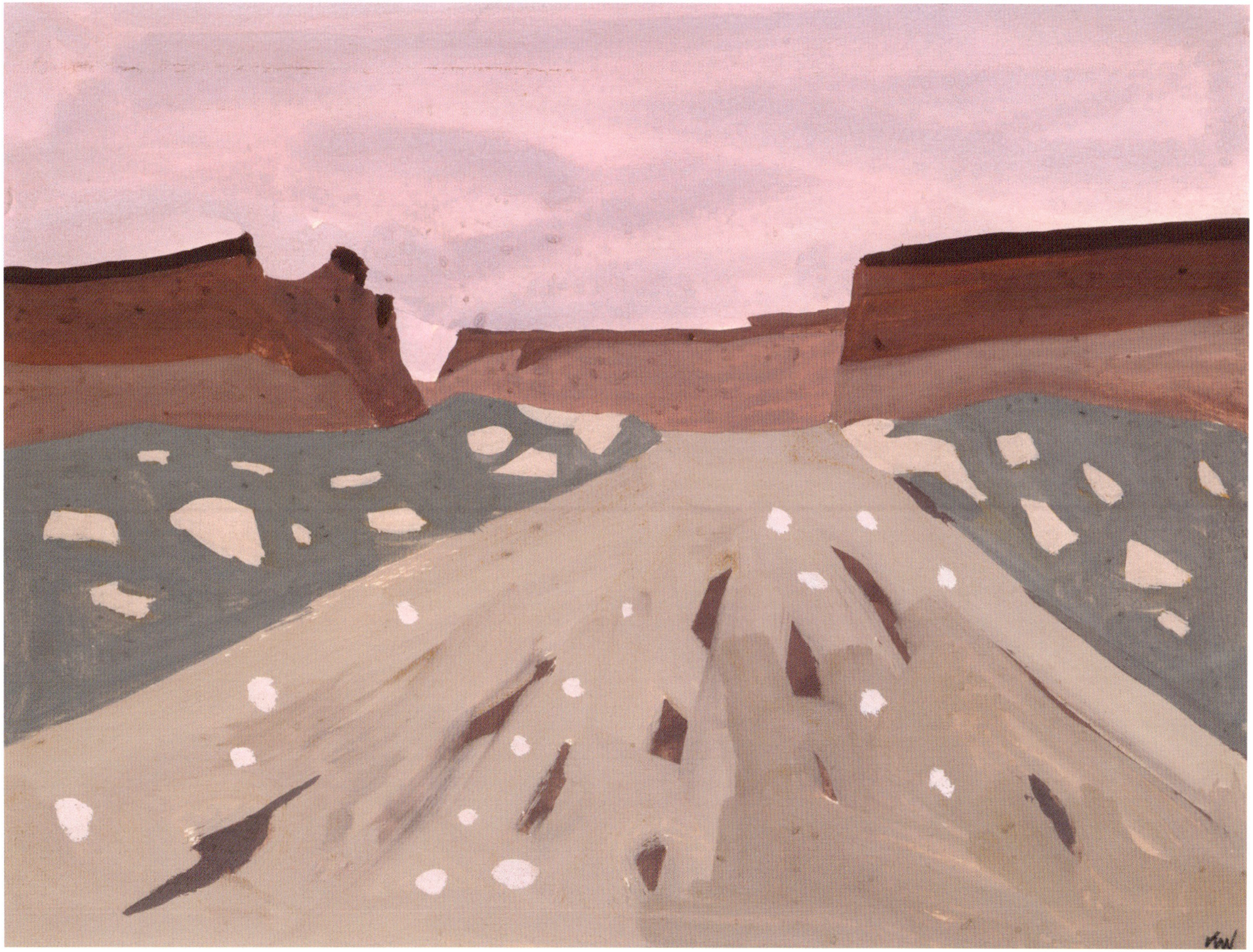

Ffordd yn croesi'r Paith | *Road across the Desert*

AGC / NMW A 17589

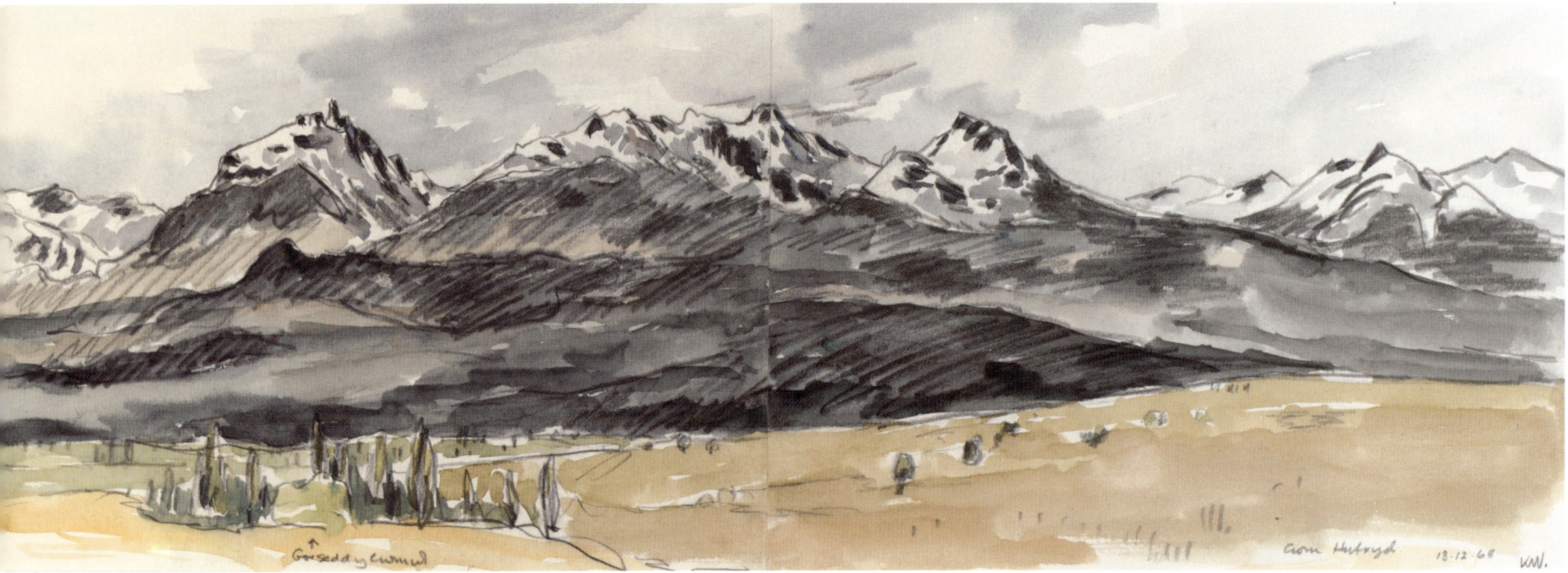

Tirlun panoramig o Gorsedd y Cwmwl ar ddau ddarn o bapur, dyddiedig 13 Rhagfyr 1968
dyfrlliw a phensil

Panoramic view on two sheets of paper of the Gorsedd y Cwmwl range, dated 13 December 1968
watercolour and pencil

PB7126

Edrych o Drevelin tua Gorsedd y Cwmwl
dyfrlliw a phensil

Looking from Trevelin towards Gorsedd y Cwmwl
watercolour and pencil

PB7100

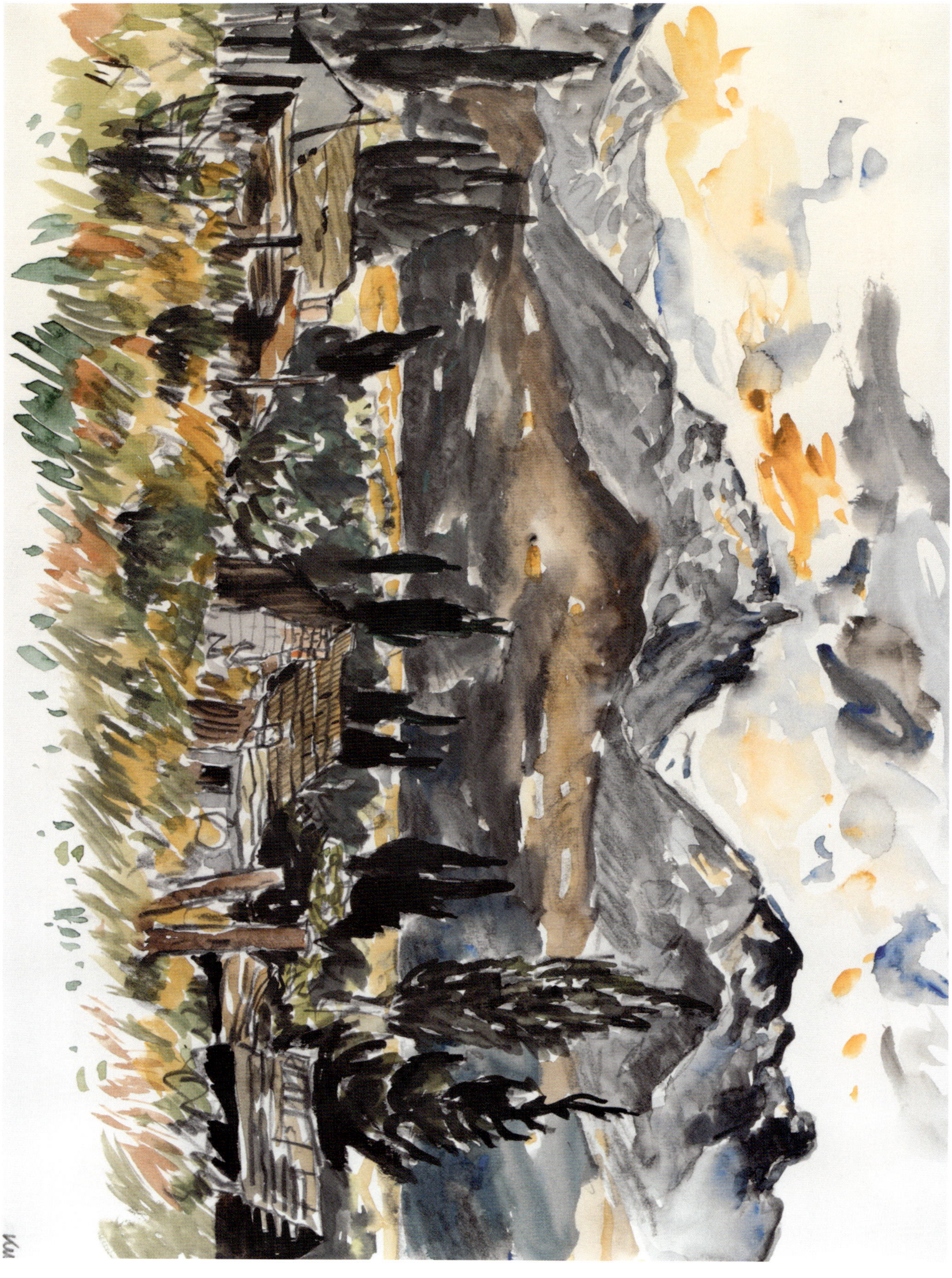

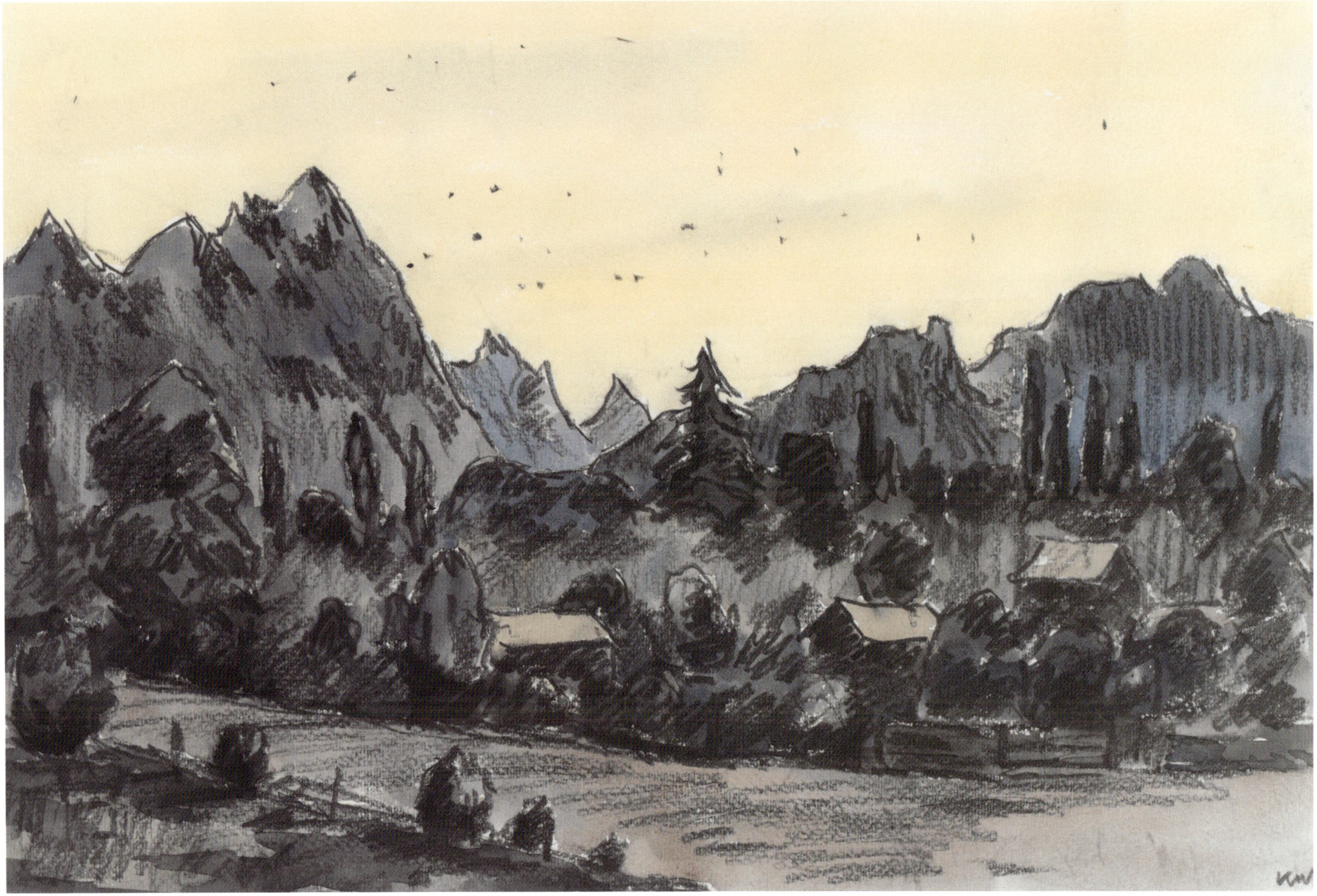

Min nos, Trevelin | *Evening at Trevelin*
dyfrlliw a phensil | *watercolour and pencil*

PB7107

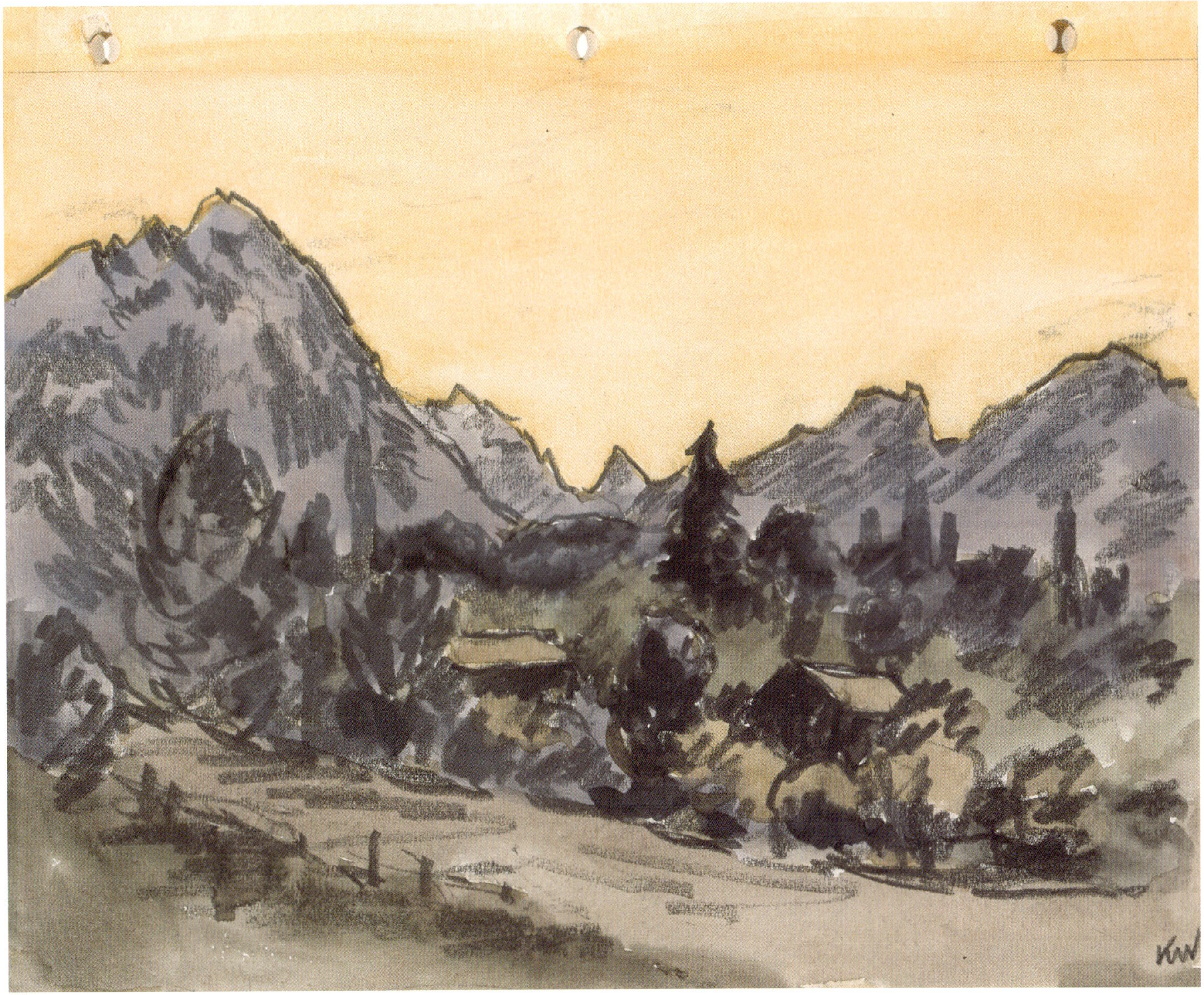

Hwyrnos,
Trevelin
sialc a golch

Evening
over Trevelin
chalk and wash

AGC / NMW
A 26044

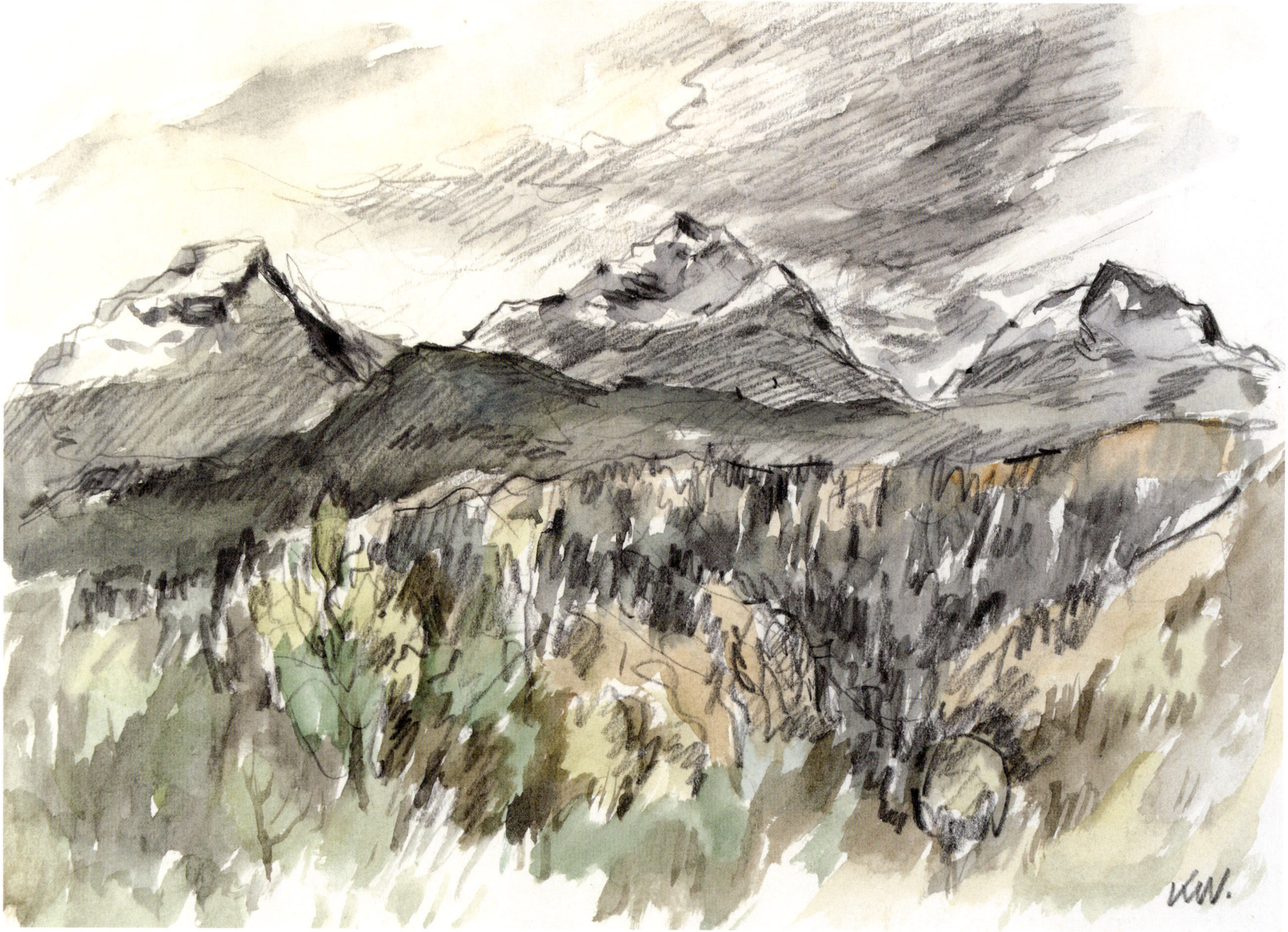

Coryera fry uwchlaw Cwm Hyfryd
dyfrlliw a phensil

Coryera high above Cwm Hyfryd
watercolour and pencil

200211153

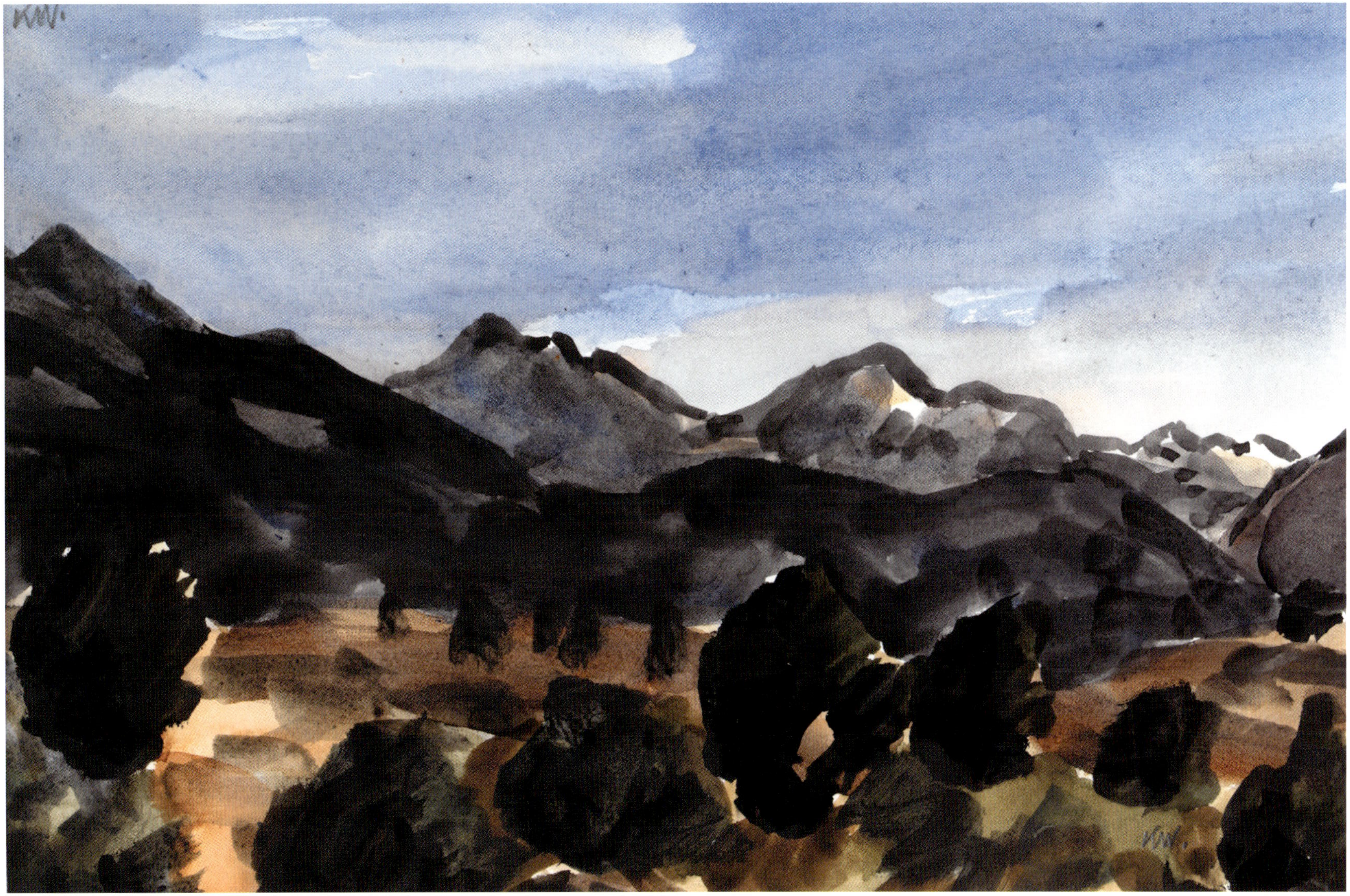

Uwchben Futalaufquen
pen ac inc gyda dyfrlliw

Above Futalaufquen
pen and ink with watercolour

PG5367

Ceffylau a'u marchogion
Horses and their riders

Gaucho yn Nhrevelin
pen ac inc

Gaucho *at Trevelin*
pen and ink

PB7110

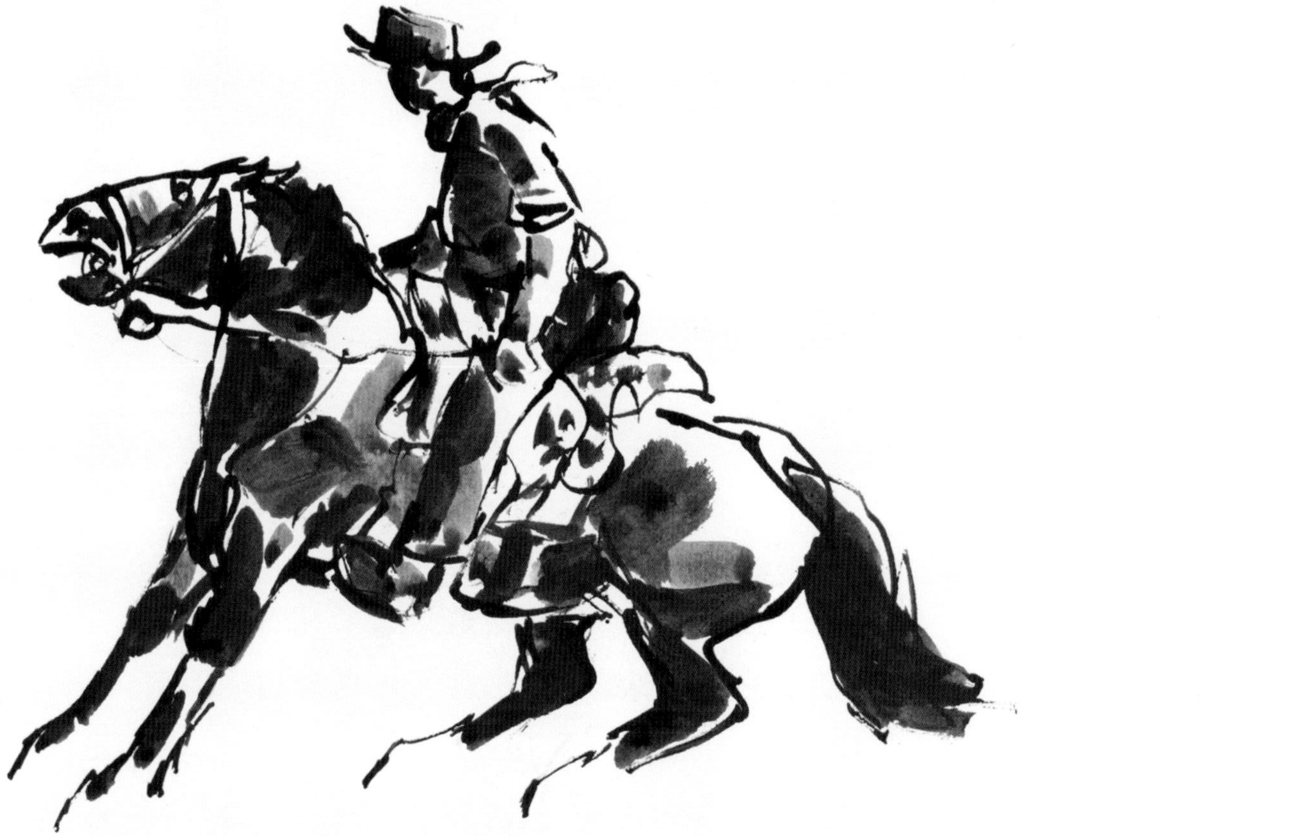

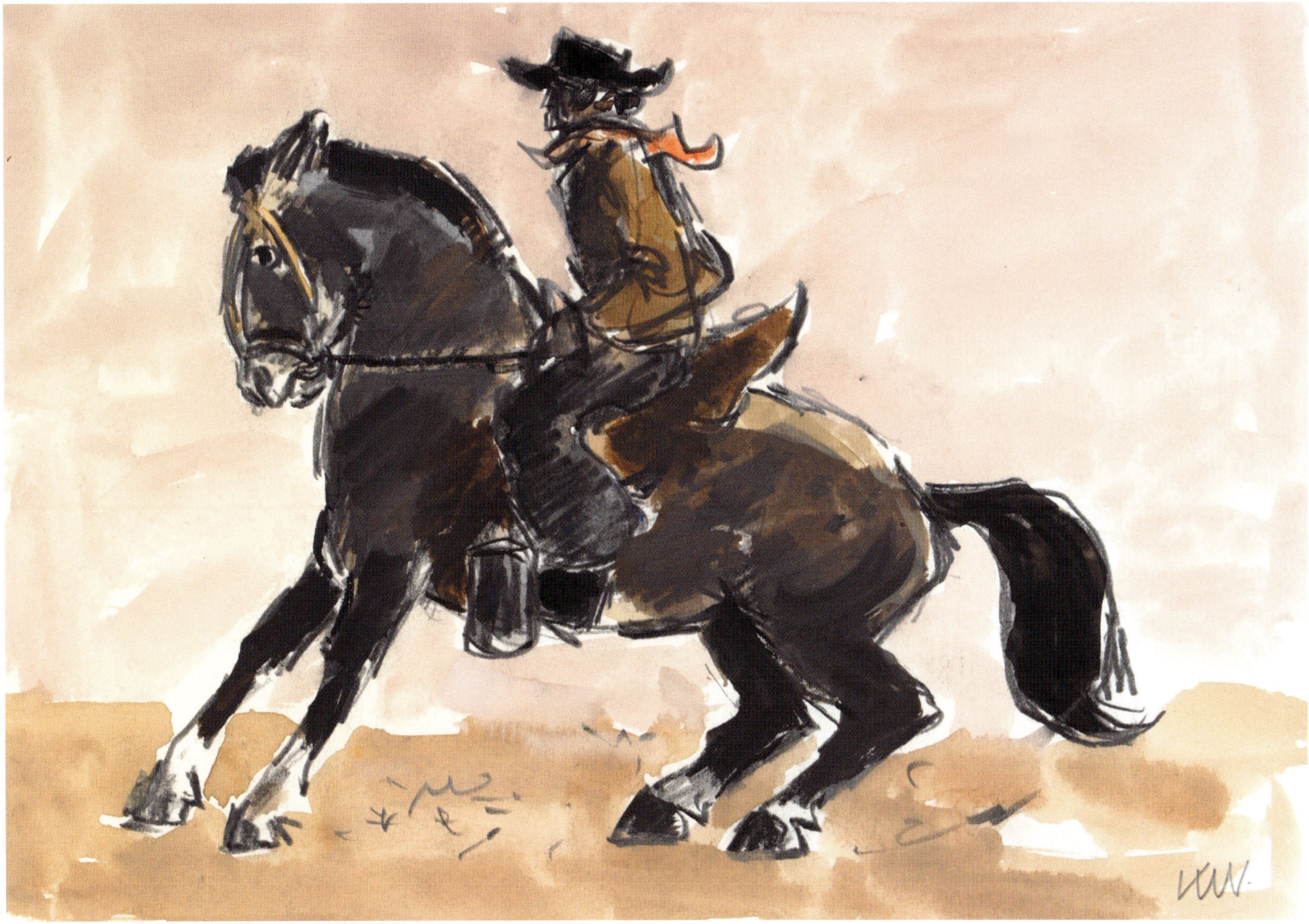

Gaucho
gouache a phensil

Gaucho
gouache and pencil

PG5428

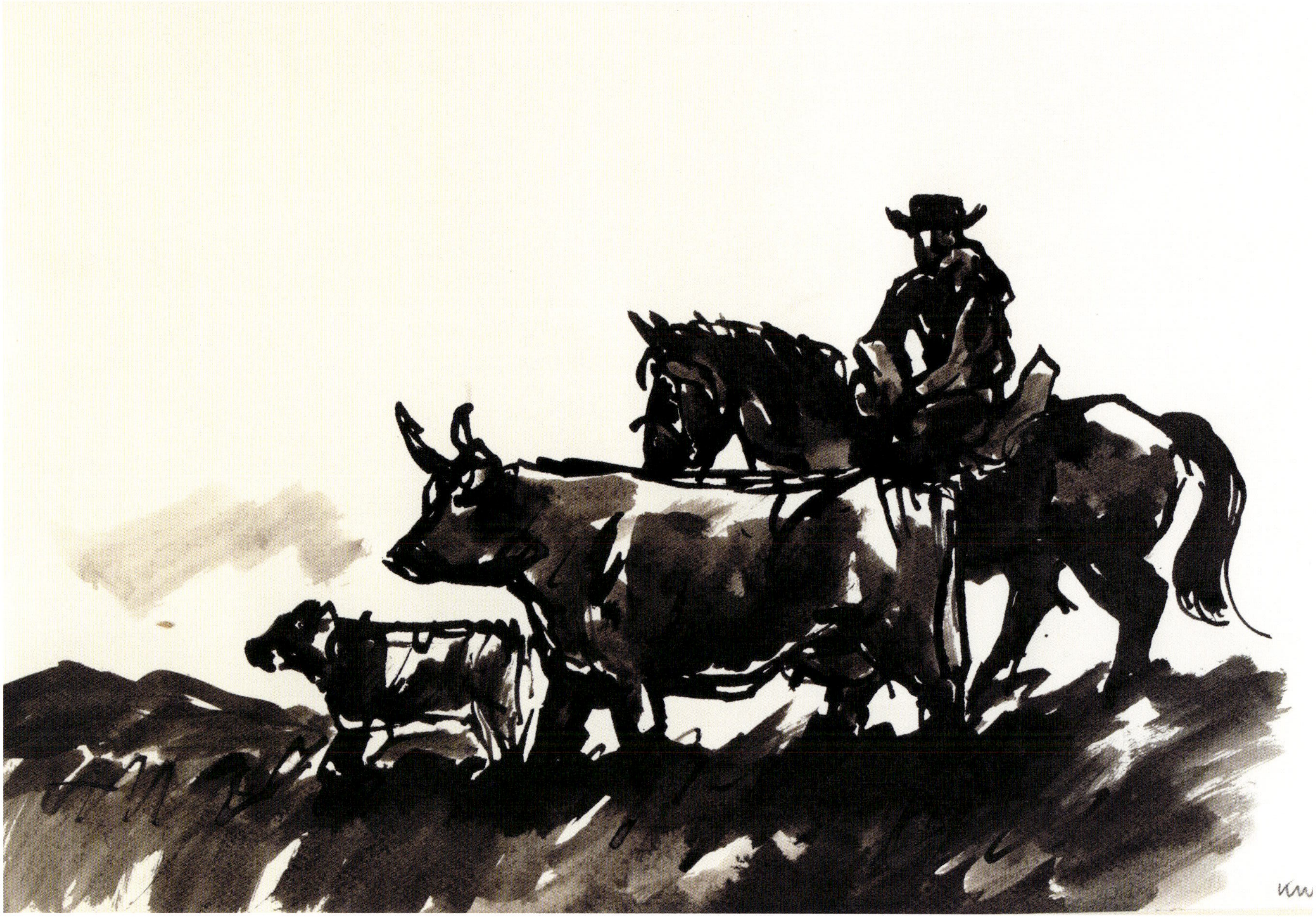

Gyrru gwartheg, Cwm Hyfryd
pen ac inc

Driving cattle, Cwm Hyfryd
pen and ink

PB7128

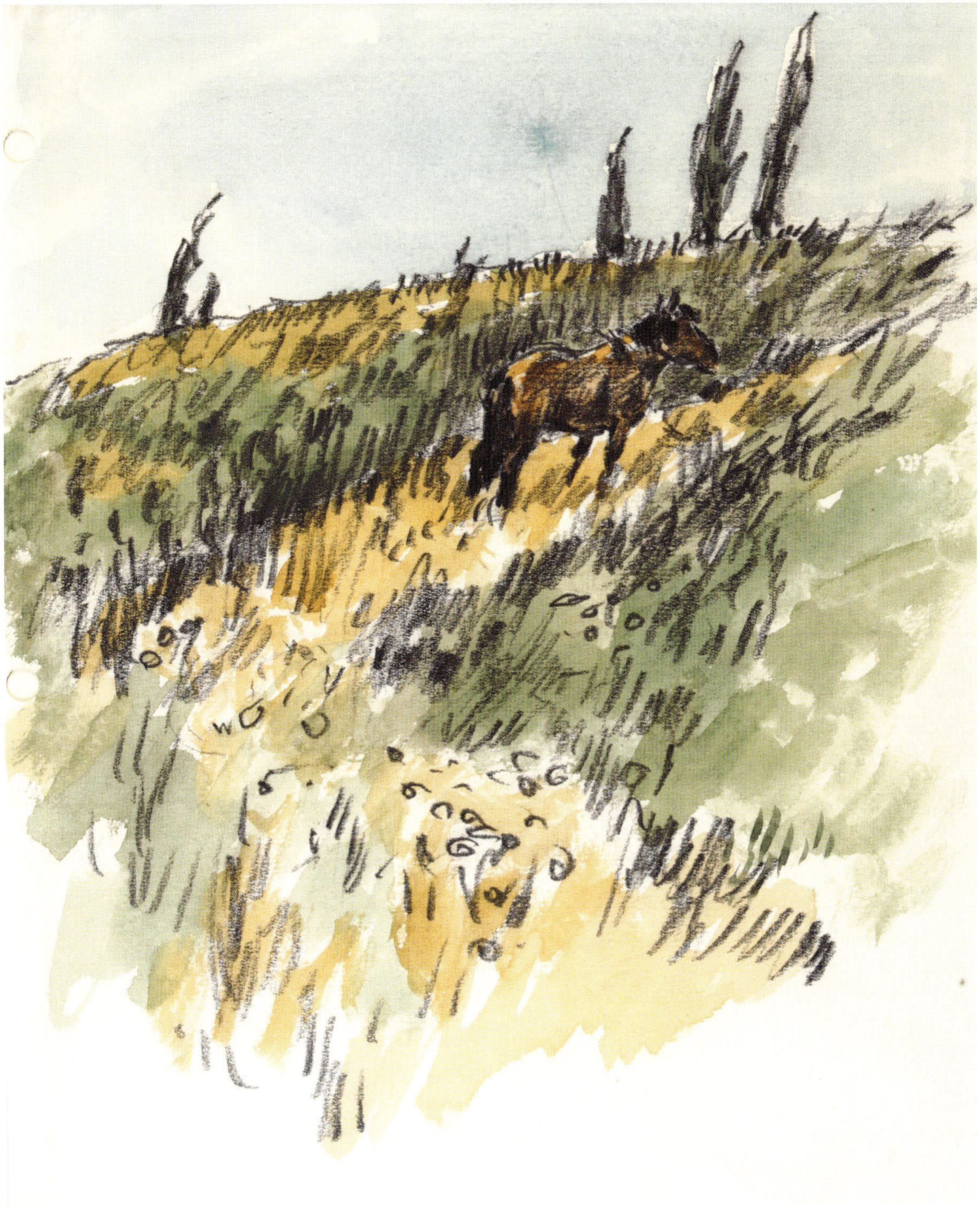

Ceffyl mewn
gweirglodd,
Pentre Sydyn,
Ionawr 1969
dyfrlliw a phensil

*Horse in a meadow,
Pentre Sydyn,
January 1969
pencil and
watercolour*

PB8937

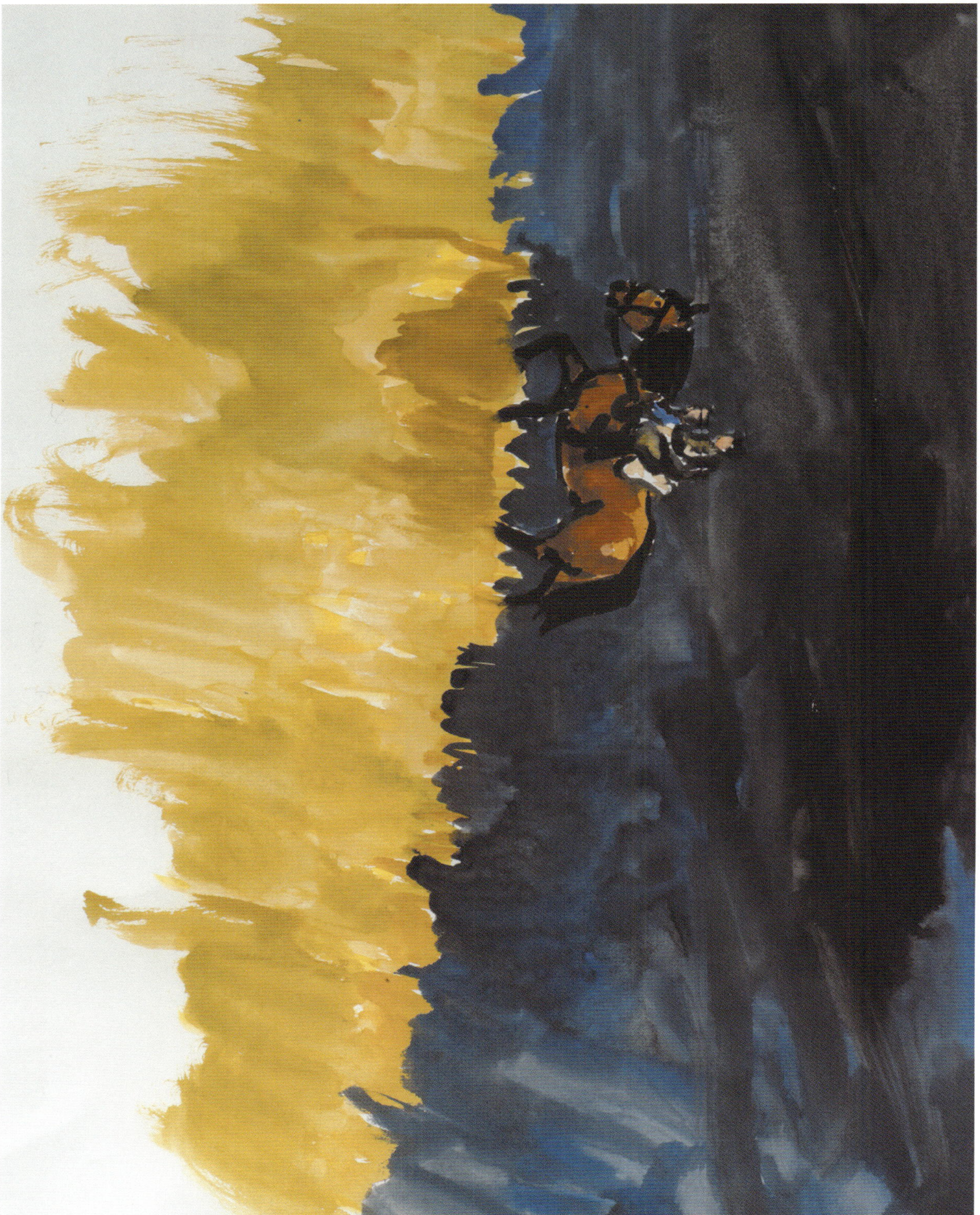

Tad a mab uwchben Trevelin | *Father and son above Trevelin*
dyfrlliw | *watercolour*
Casgliad preifat | *Private collection*

Planhigion, adar ac anifeilaid
Flora and Fauna

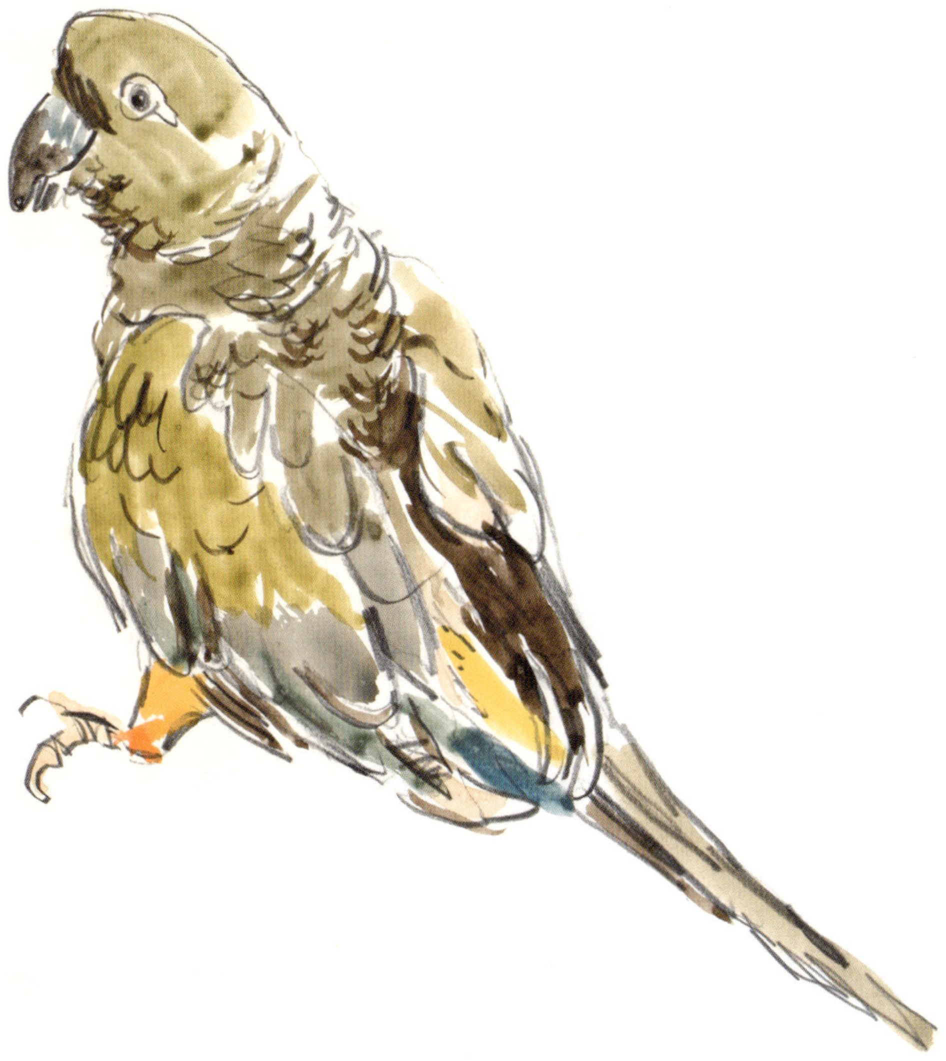

Parot Patagonaidd,
Lle Cul
dyfrlliw a phensil

Patagonian Parrot,
Lle Cul
watercolour and pencil

PB7113

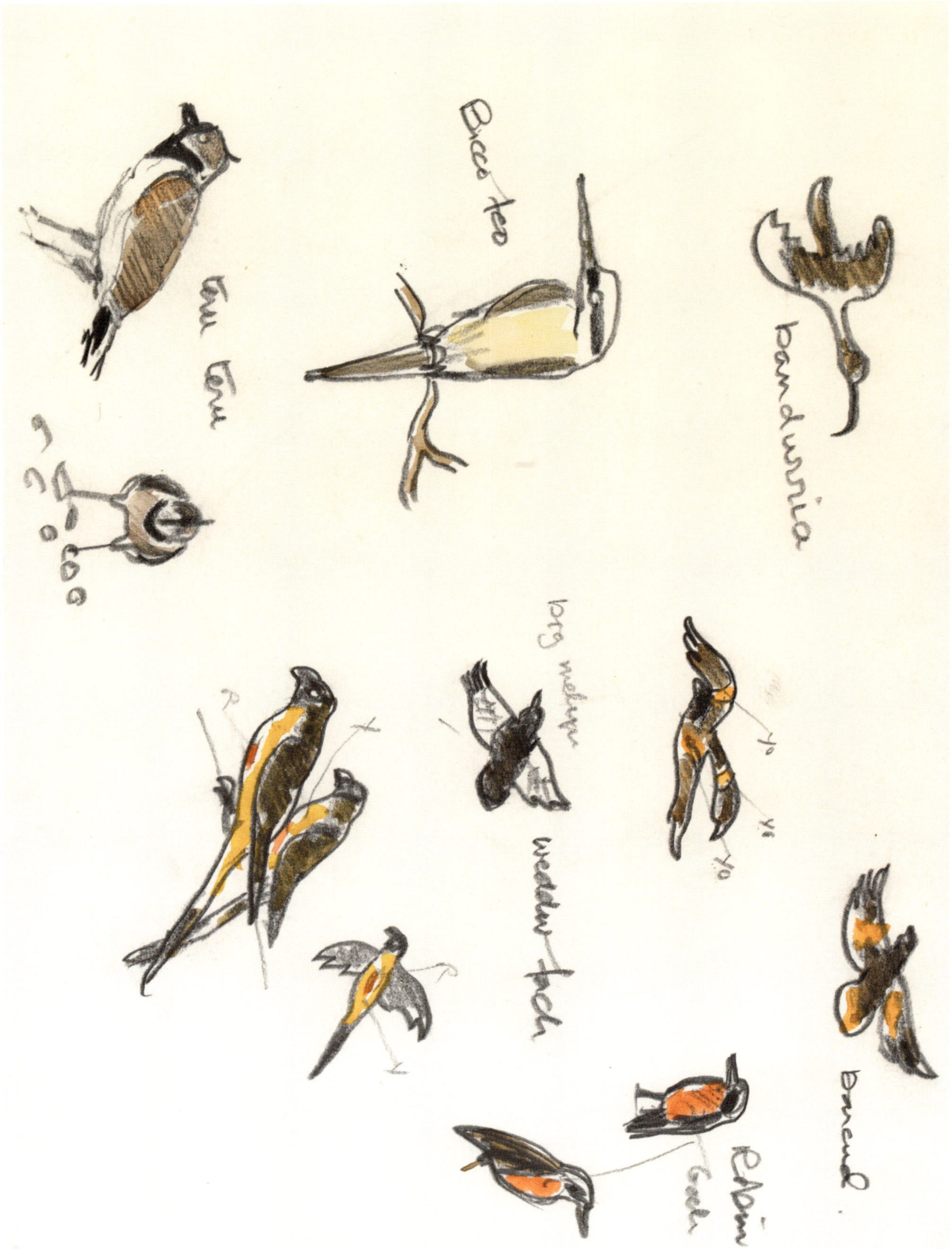
bandurria
Bicco teo
teru teru
weddw fach
Robin
Goch

Astudiaethau adar o lyfr
lluniadu Lle Cul rhif 2
pensil a dyfrlliw

Studies of birds from
Lle Cul sketchbook no. 2
pencil and watercolour

PB7156

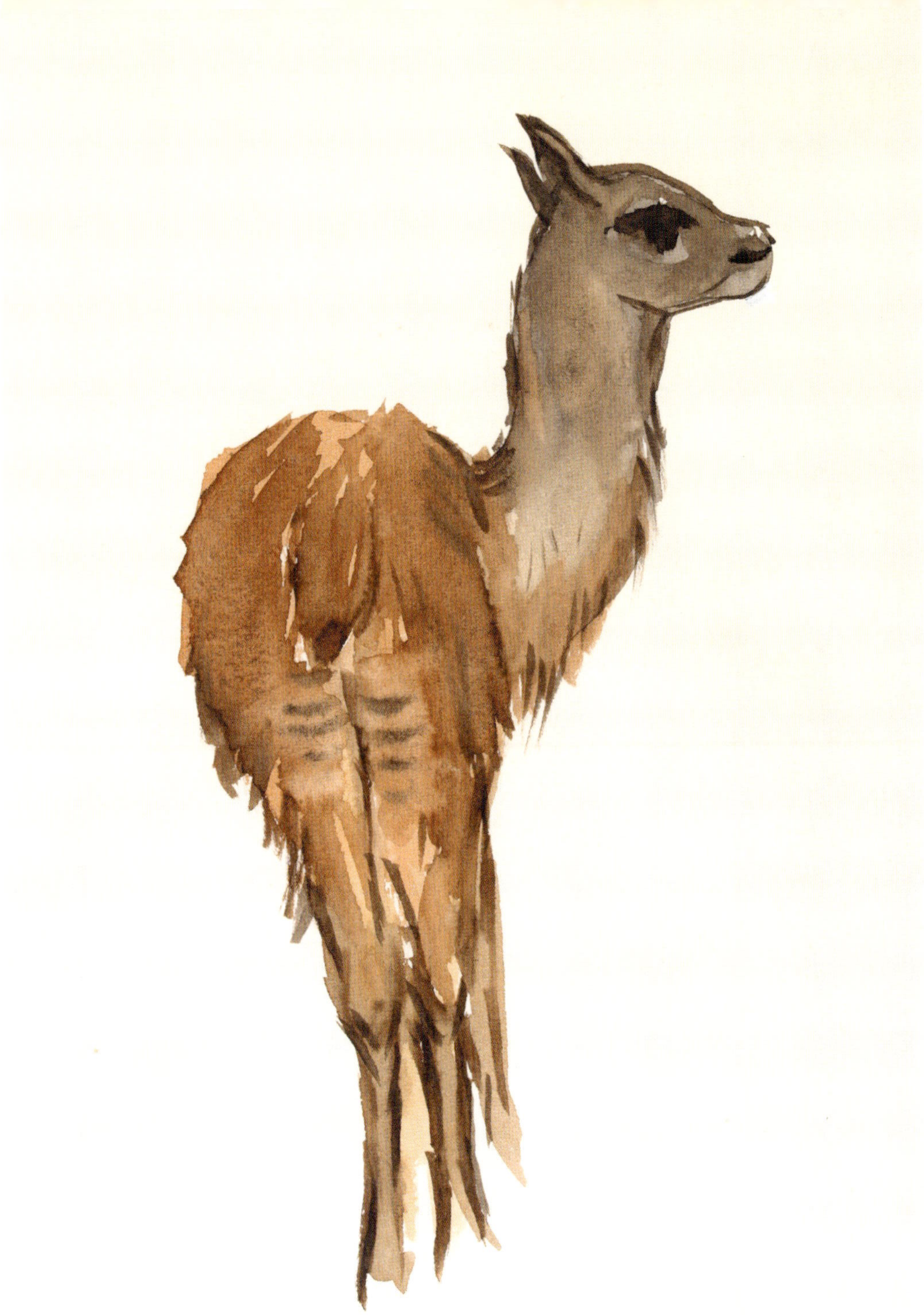

Guanaco
dyfrlliw

Guanaco
watercolour

PB7141

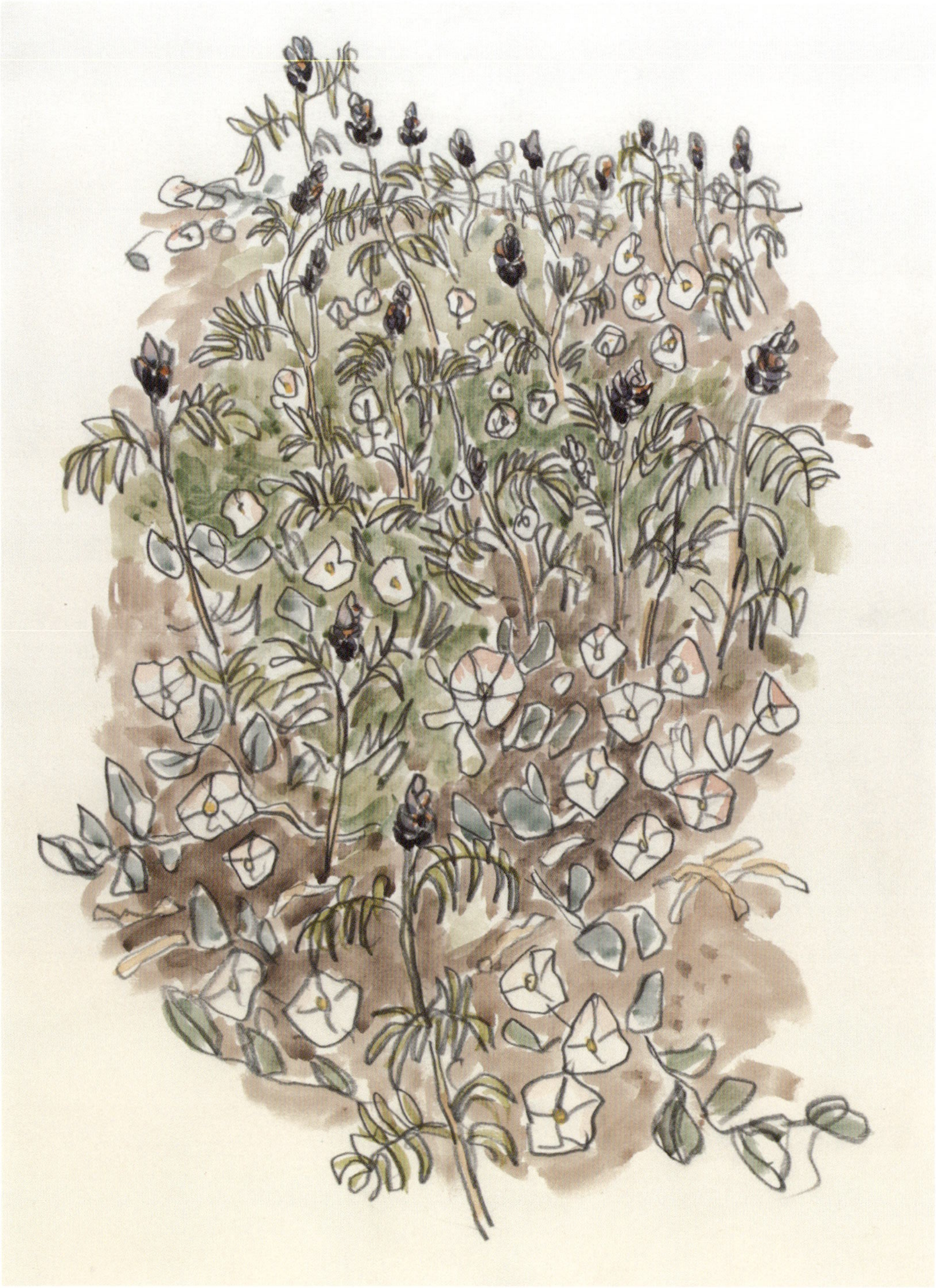

Taglys a Chwcwll Sbaen
ar lan y Ffos
dyfrlliw a phensil

Bindweed and Spanish Hood on the edge of the Ffos, Dyffryn Camwy
watercolour and pencil

PB7125

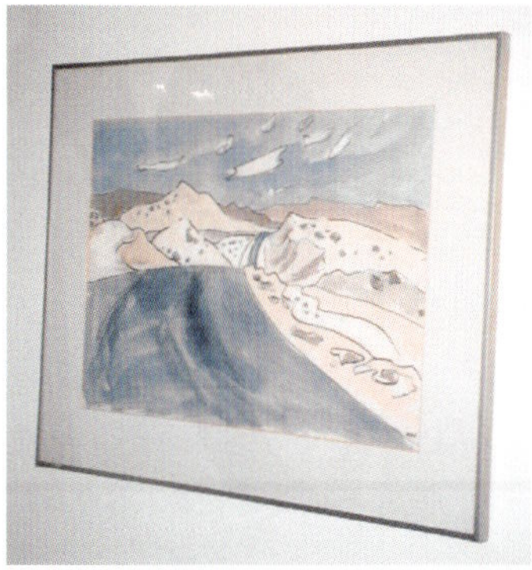

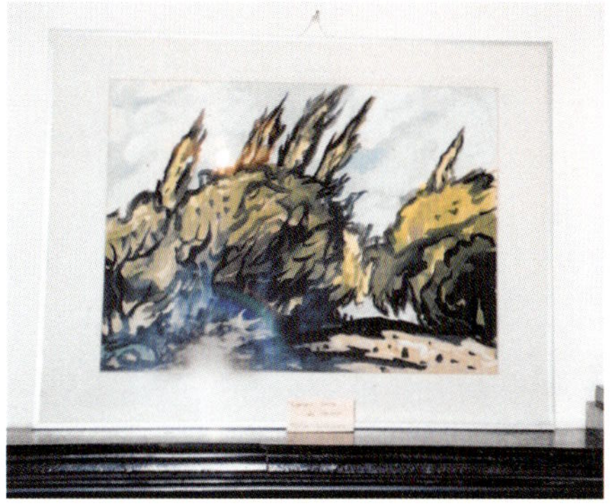

Dau lun dyfrlliw a gyflwynwyd gan yr arlunydd i Amgueddfa Gaiman; ffotograffau gan Pamela Small, 2001

Two watercolours presented by the artist to Gaiman Museum and photographed by Pamela Small in 2001

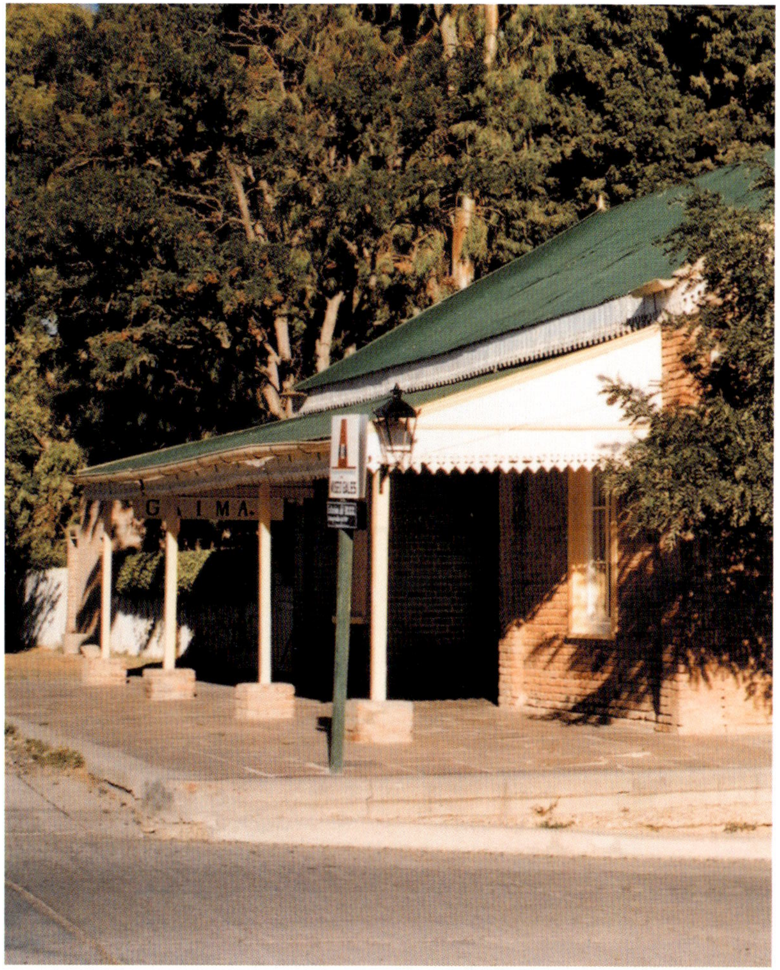

Amgueddfa Gaiman

Gaiman Museum

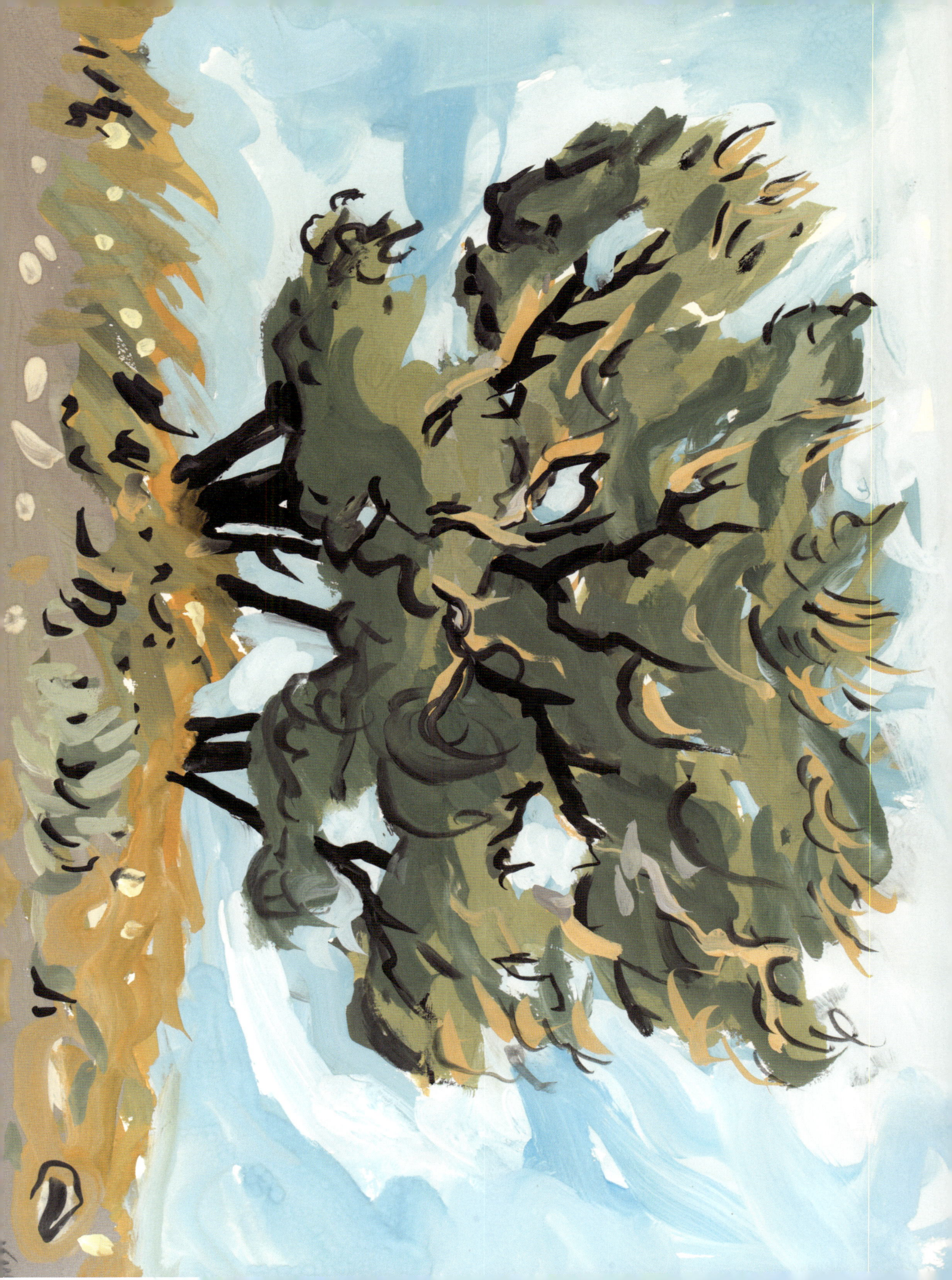

Lluniau olew
Oil paintings

Cyflwynwyd y palet a ddefnyddiwyd gan yr arlunydd i beintio'r holl luniau canlynol yn rhodd i Lyfrgell Genedlaethol Cymru. Fe ddengys yn glir sut y trefnai'r arlunydd ei liwiau. 200409250

The palette used by the artist to paint all the following oil paintings was donated to the National Library of Wales. It clearly shows how the artist organised his colours. 200409250

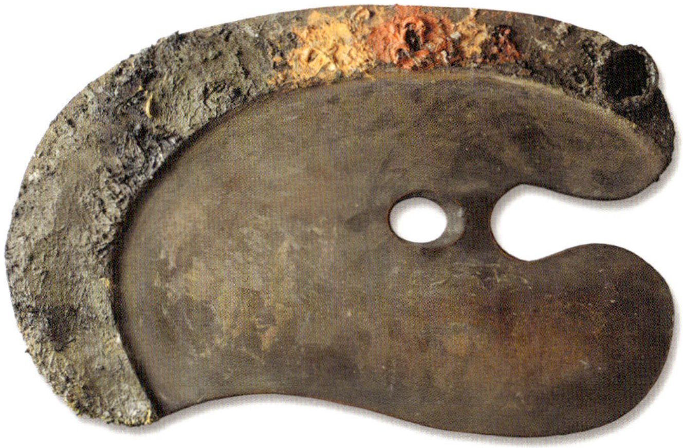

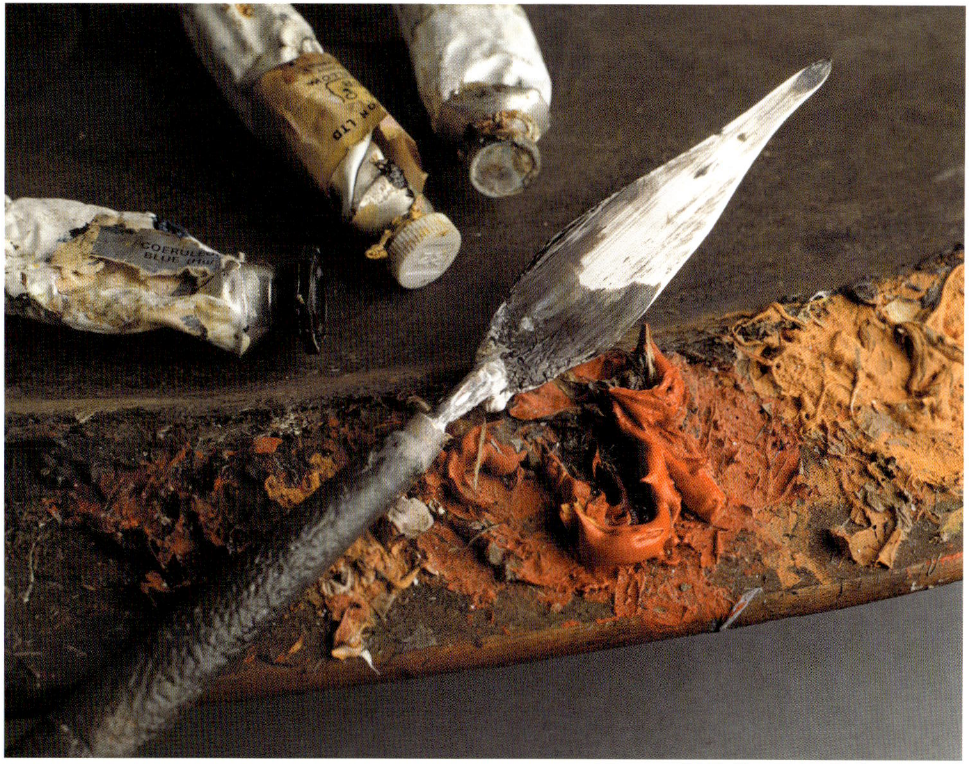

Helyg yn y gwynt,
Cwm Hyfryd
gouache

Willow in the wind,
Cwm Hyfryd
gouache

PB7105

Portreadau
Portraits

Euros Hughes yn
dyfrhau ei gaeau

*Euros Hughes
irrigating his fields*

PB7040

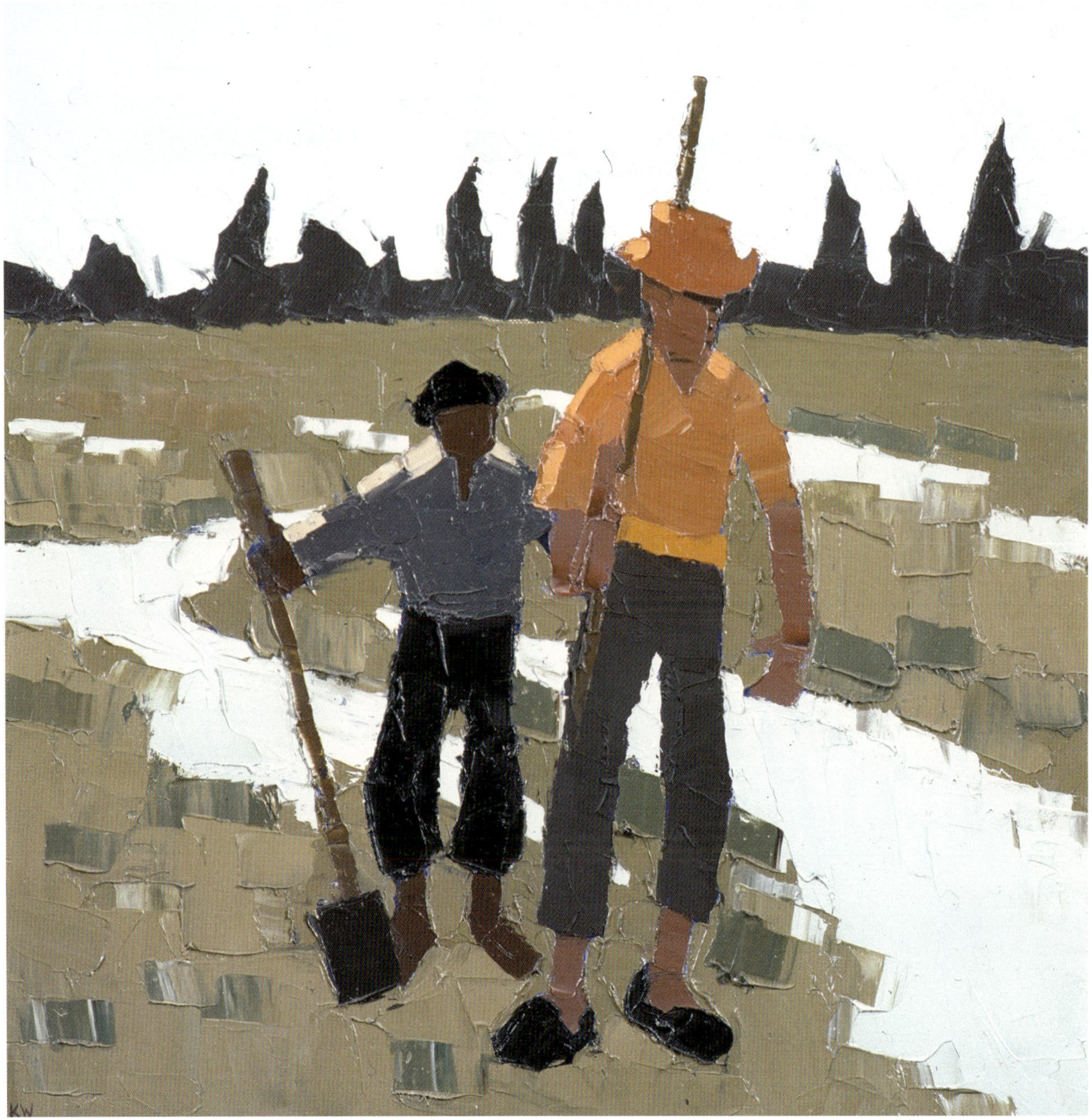

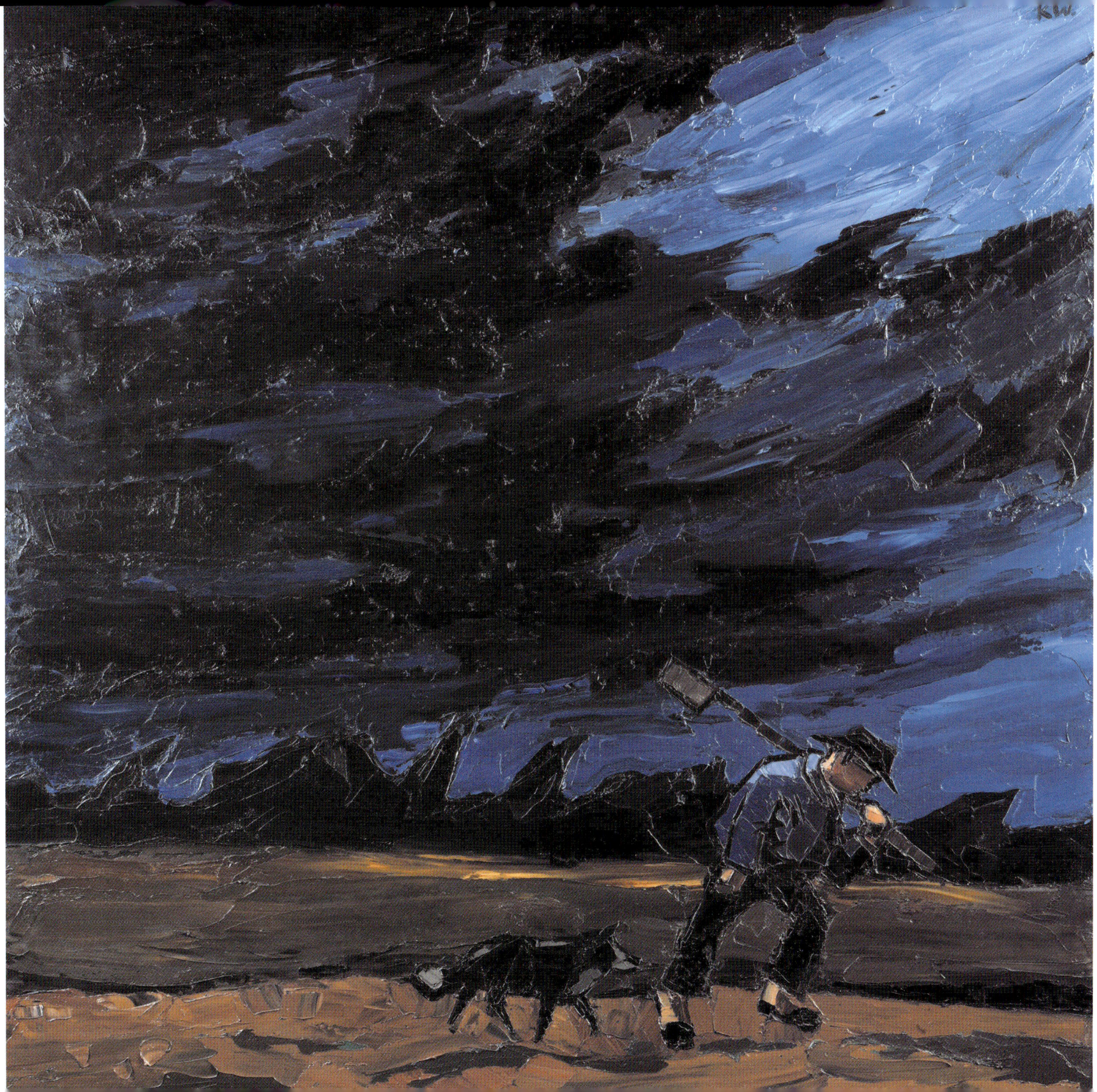

Henry Roberts,
Bryngwyn,
Patagonia

200211186

Henry Roberts, Bryngwyn, Patagonia | *manylyn*
detail | 200211186

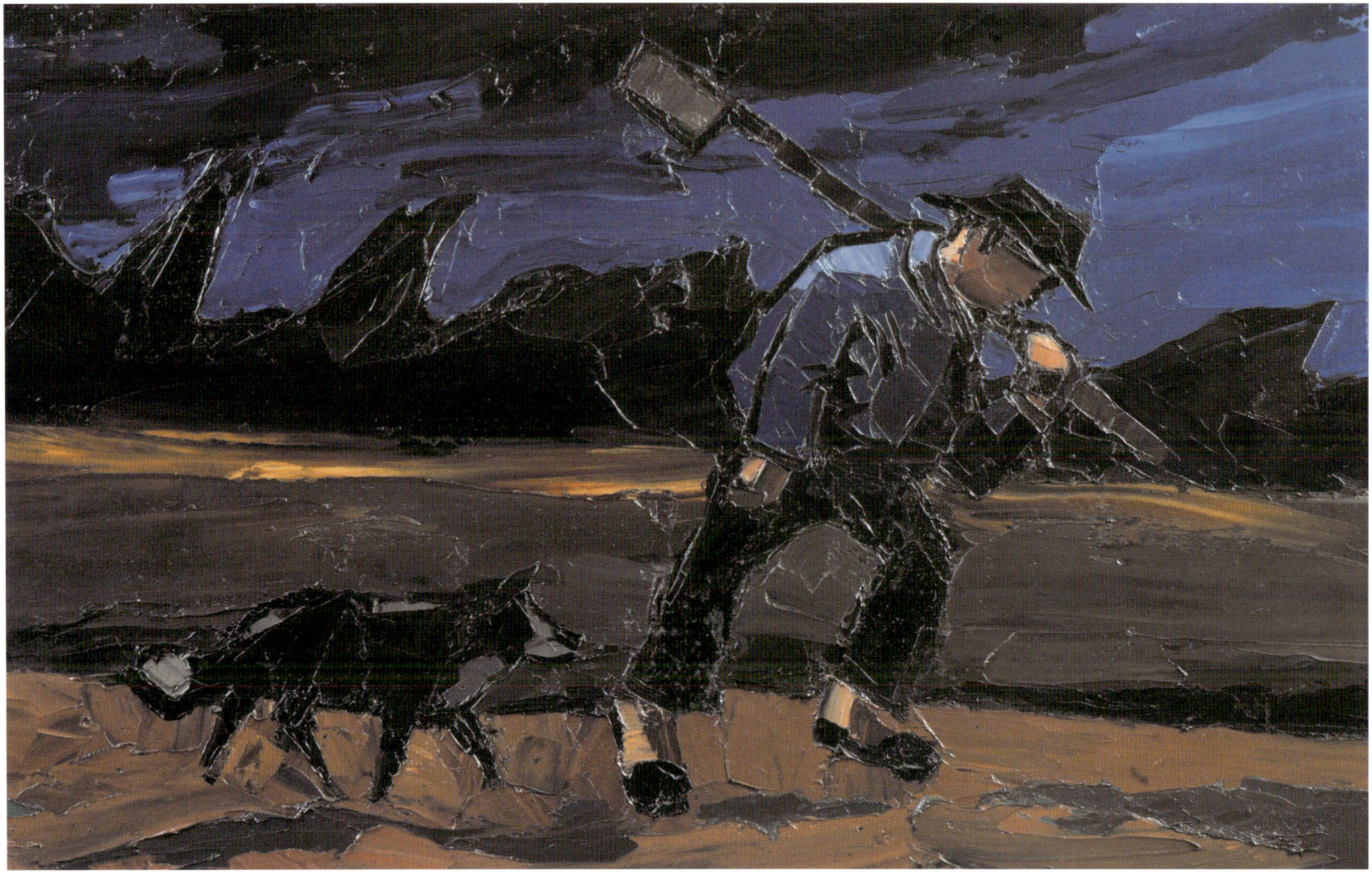

Tirluniau
Landscapes

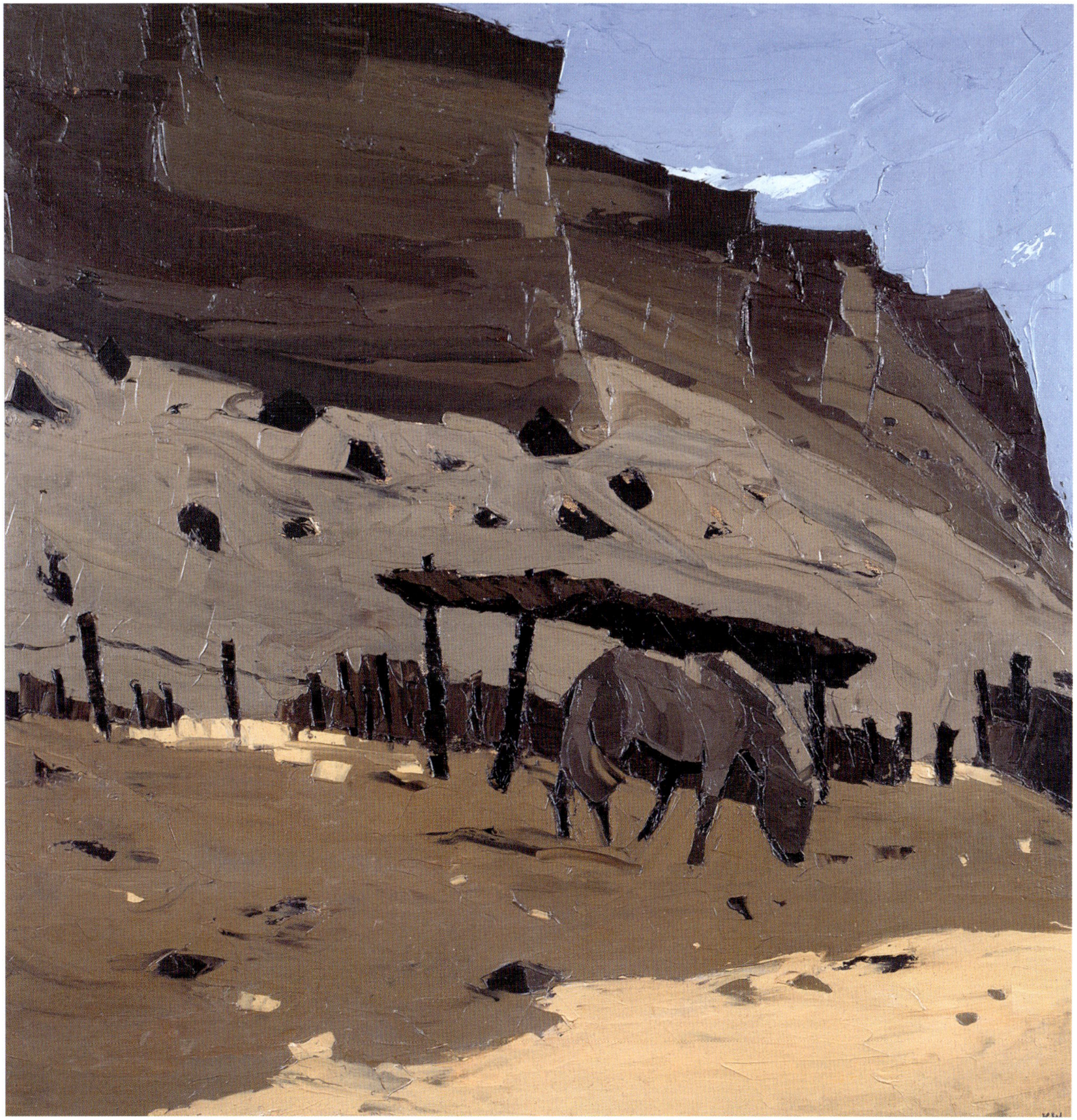

Ceffyl yn Lle Cul

Horse at Lle Cul

200000128

Los Altares

Llun y clawr

Cover image

200202405

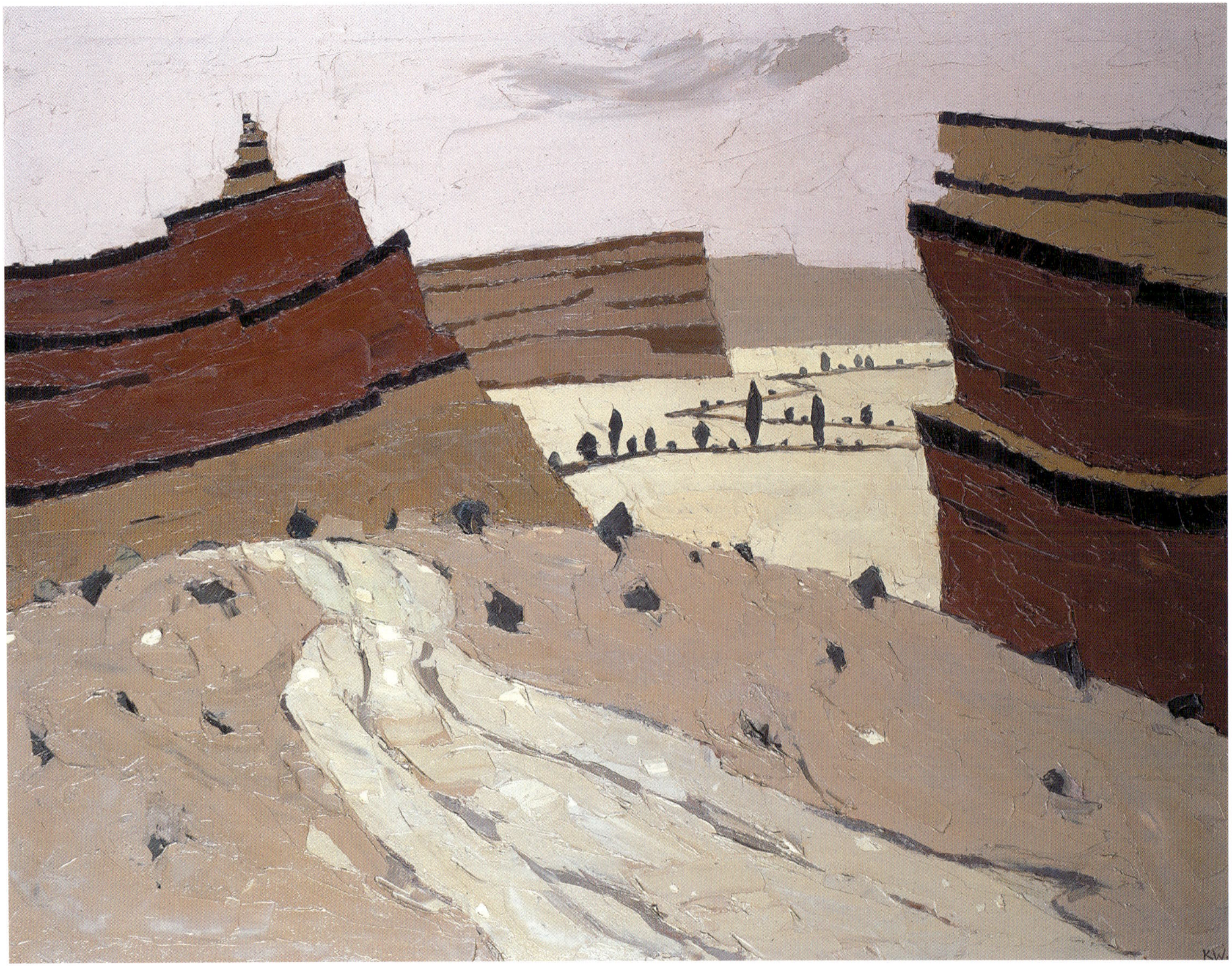

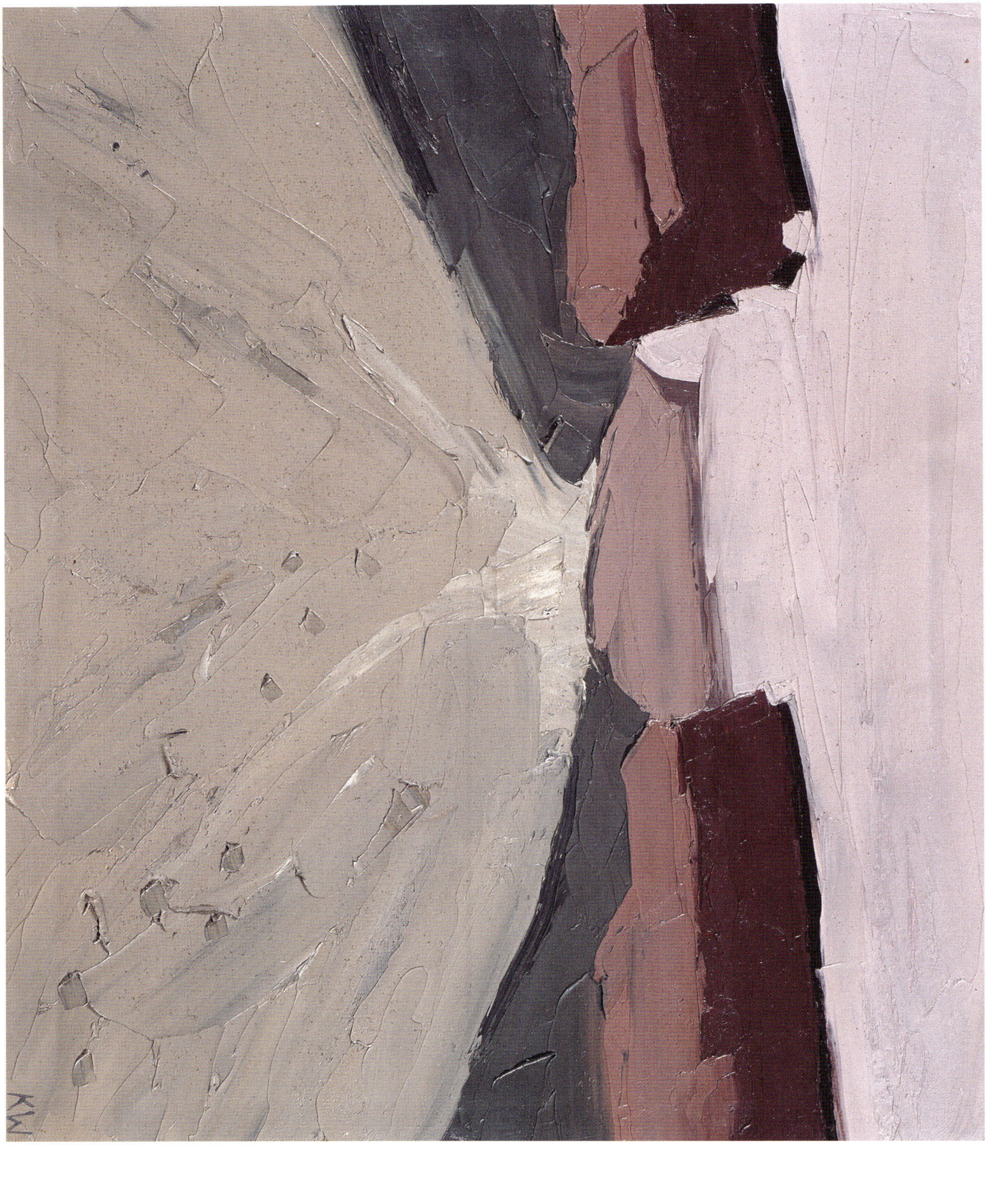

Lle Cul

PG4823

Lle Cul

PG4824

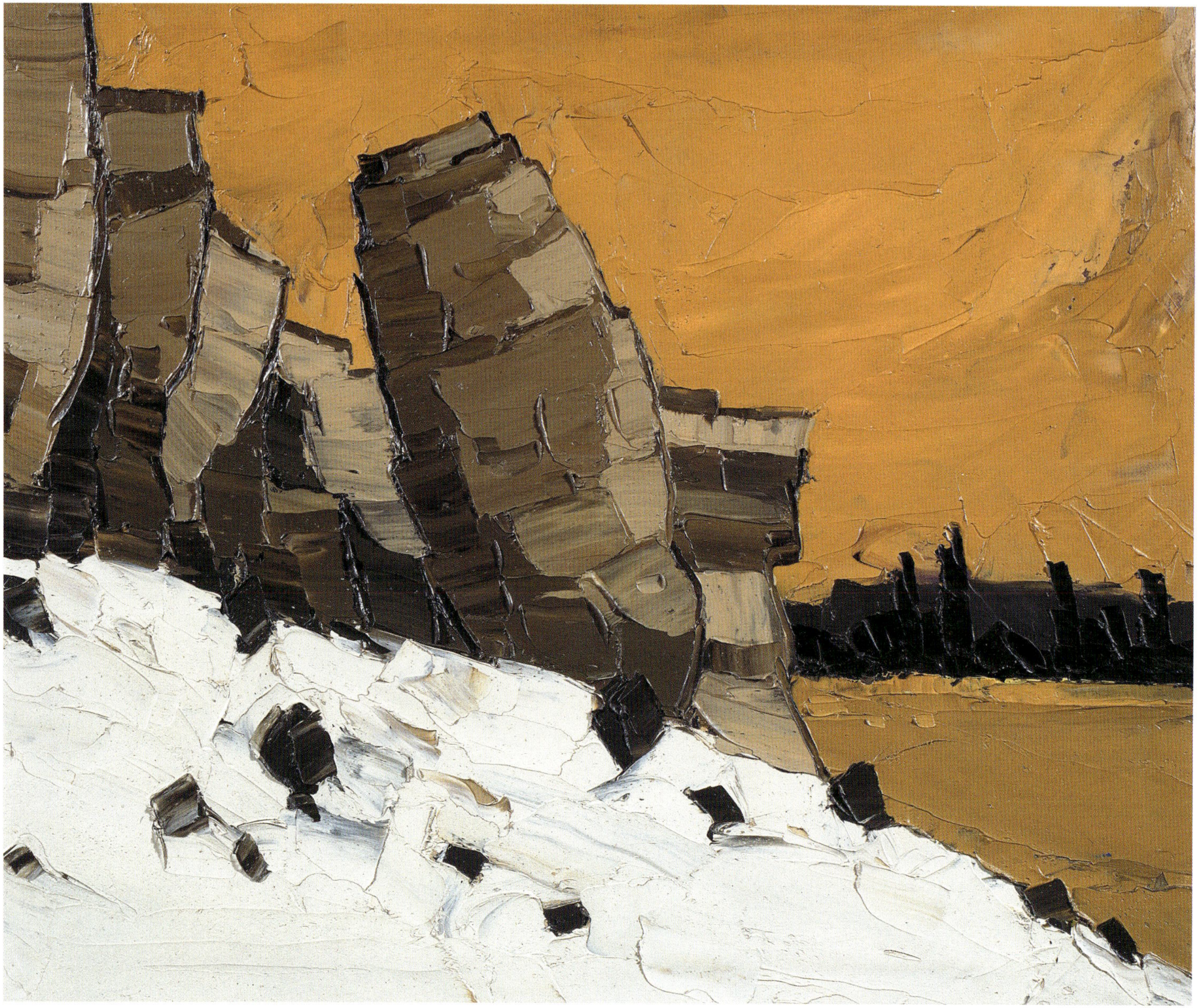

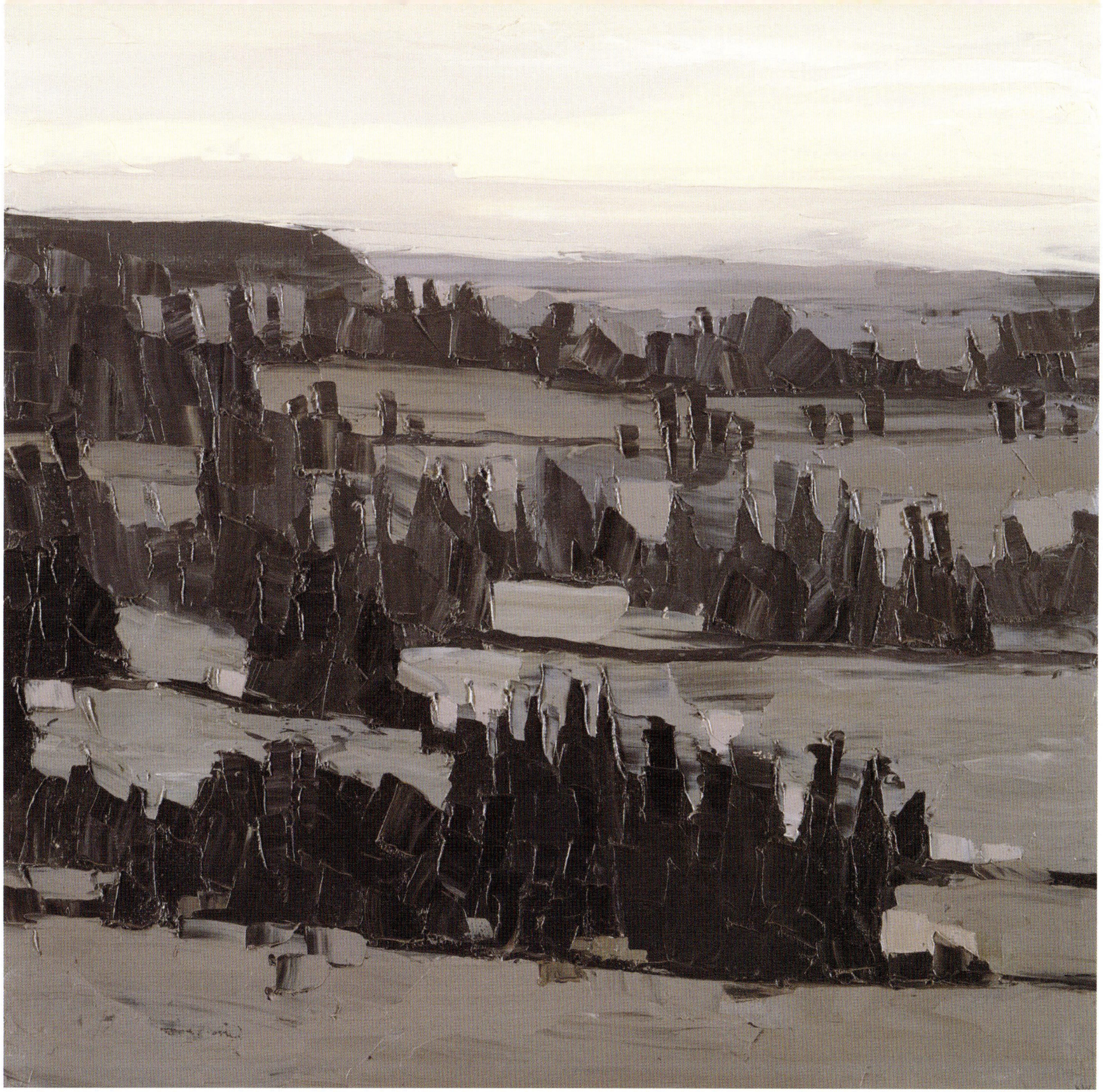

Dyffryn Camwy,
Patagonia

AGC / NMW
A 2327

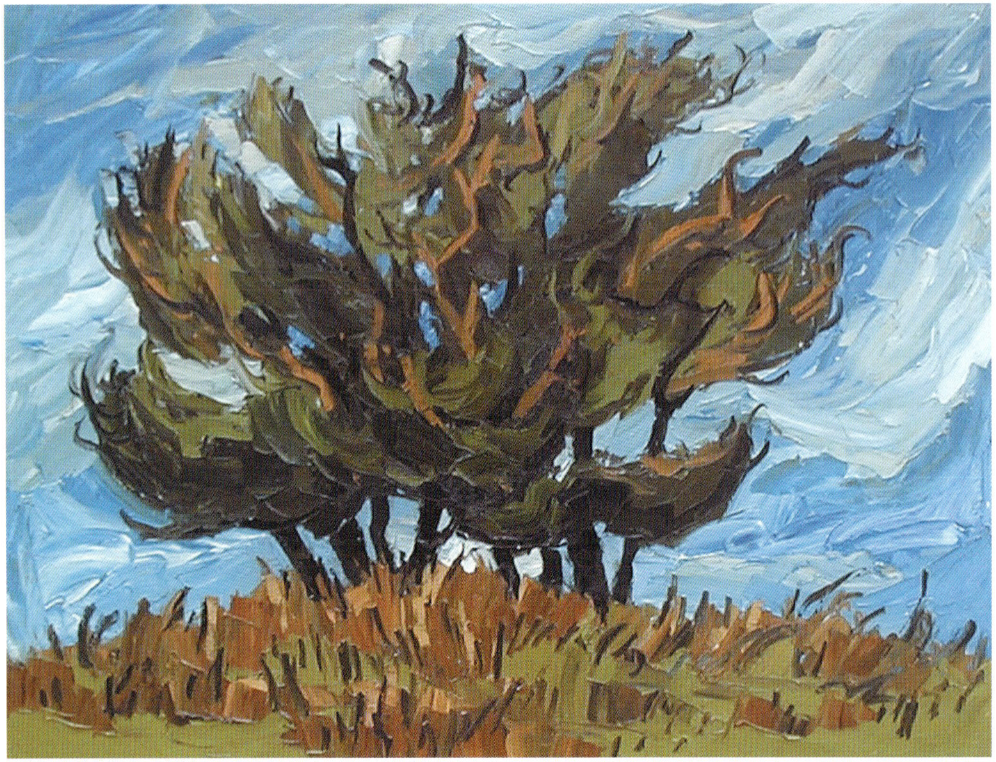

Helygen mewn gwynt
Casgliad Castell Pictwn

Willow in wind
Picton Castle Collection

Lluniau ar gyfer *A Wider Sky* (1991)

Illustrations for *A Wider Sky* (1991)

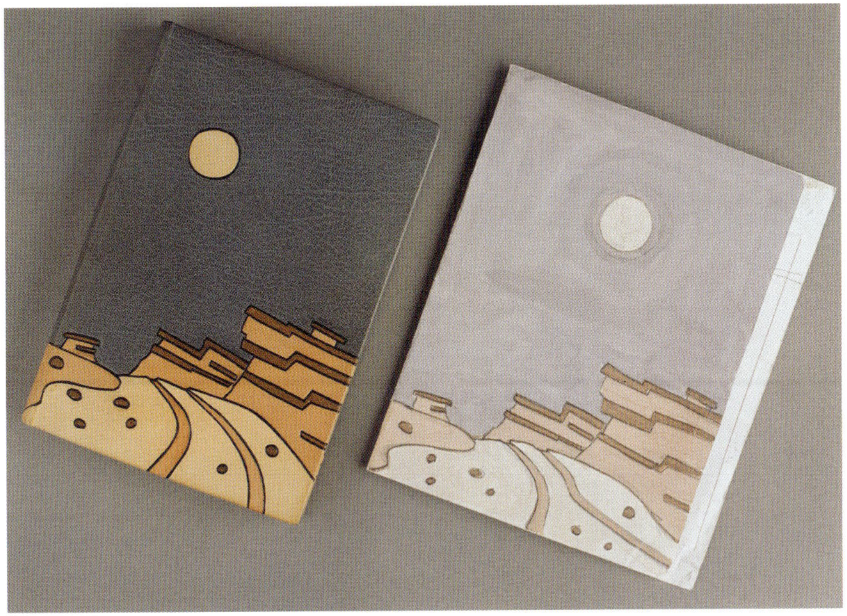

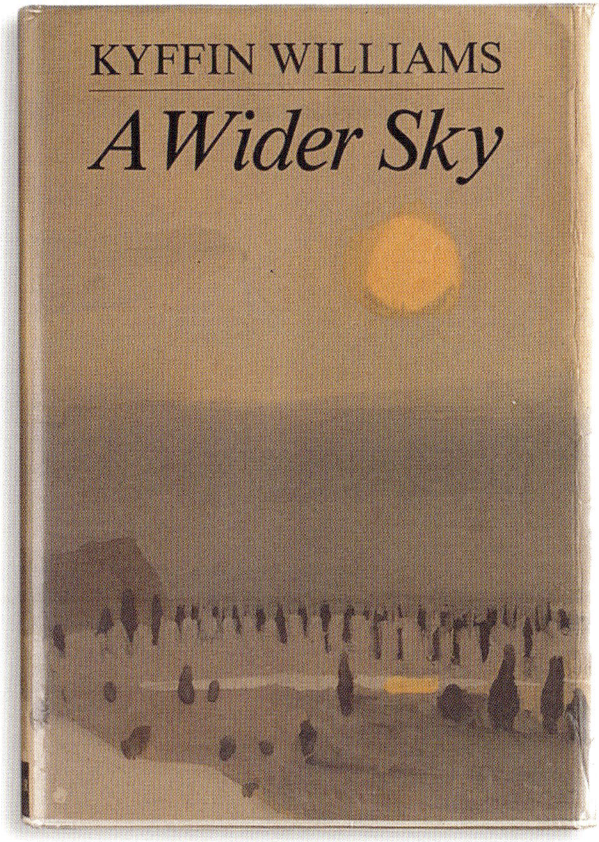

Y cynllun gwreiddiol ar gyfer rhwymiad arbennig o'r gyfrol a gynlluniwyd gan Julian Thomas
Casgliad Preifat

The original design for the special binding produced by Julian Thomas
Private Collection

Portreadau
Portraits

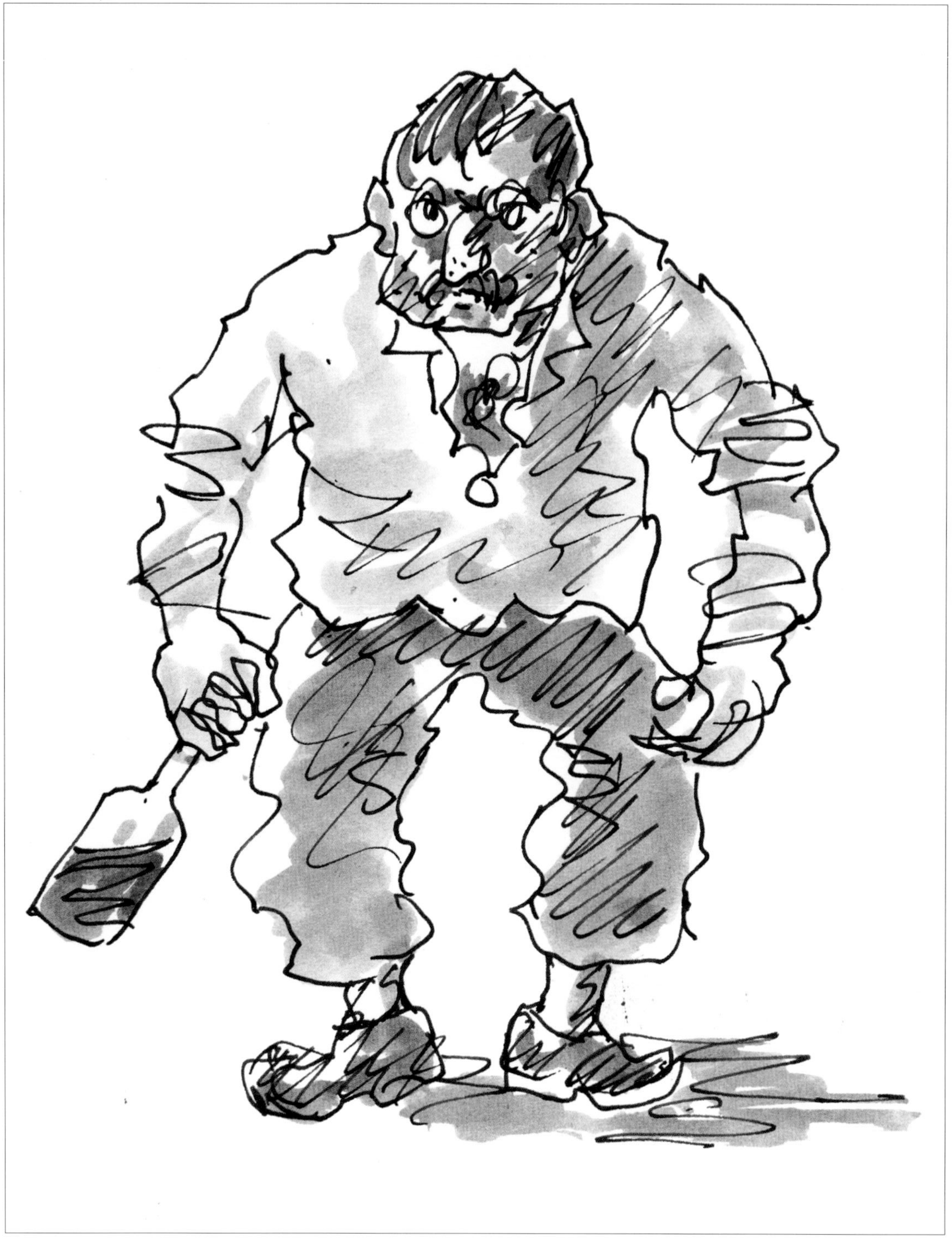

Luis Gonzales
(t. / p. 130)

PG2843 / 27

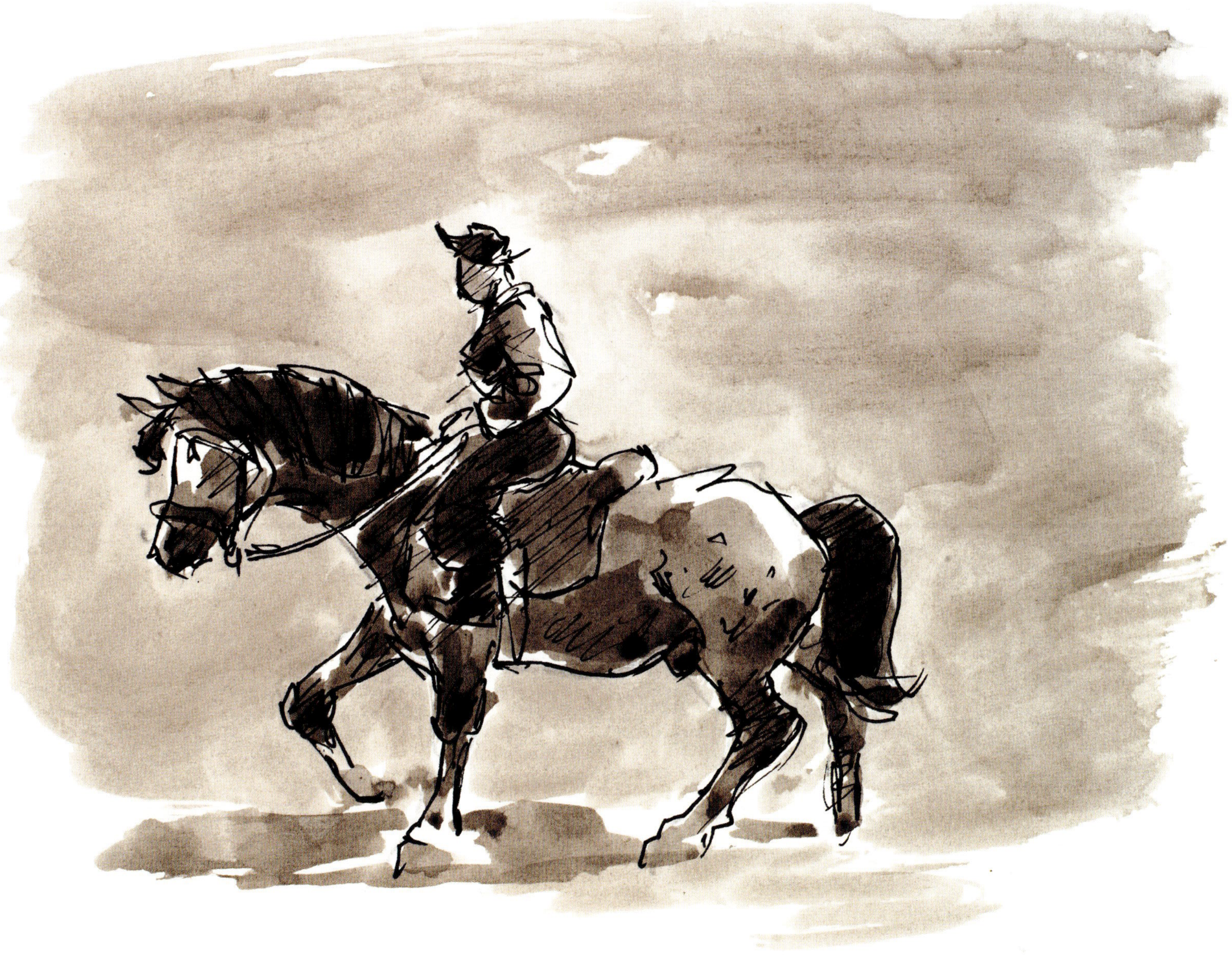

Gaucho yng Nghwm Hyfryd

Gaucho *at Cwm Hyfryd*

(t. / p. 166)
PG2834 / 15

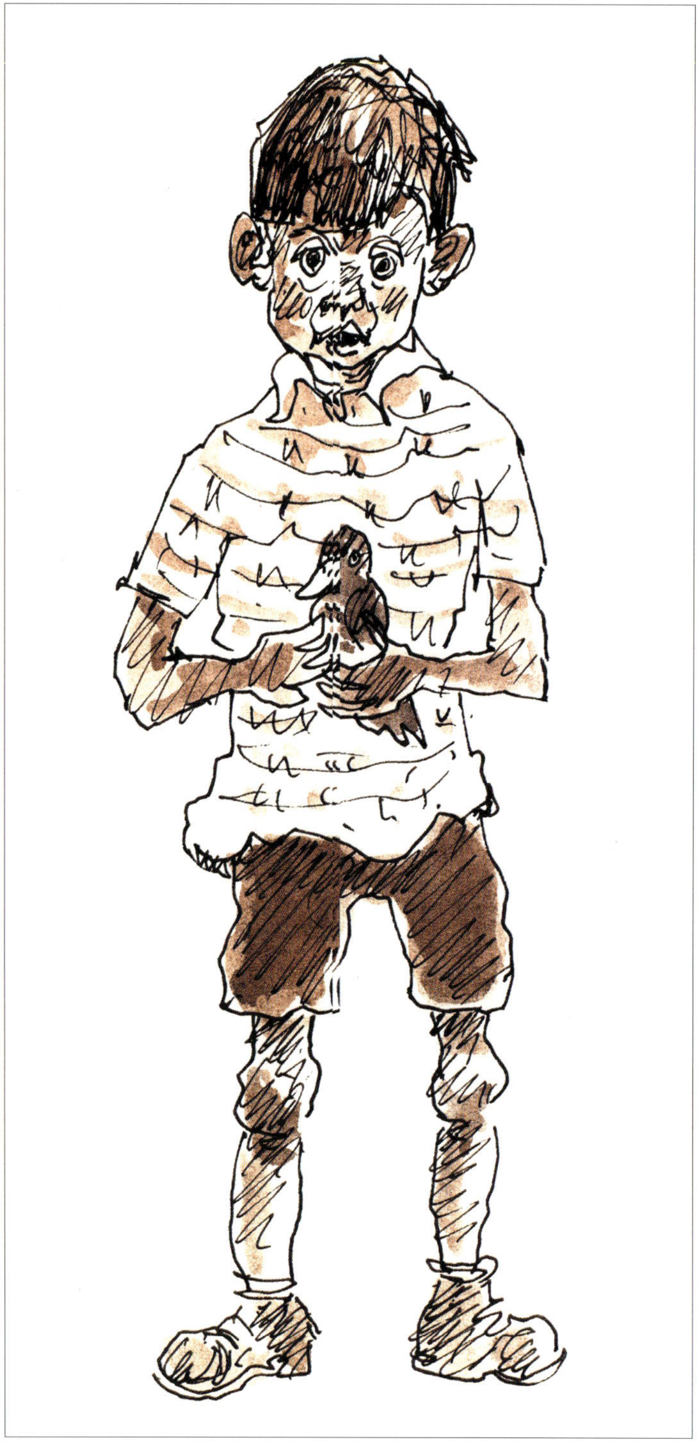

Paulino yn dal pioden y môr

Paulino holding an oyster catcher

(t. / p. 175) PG2834 / 9

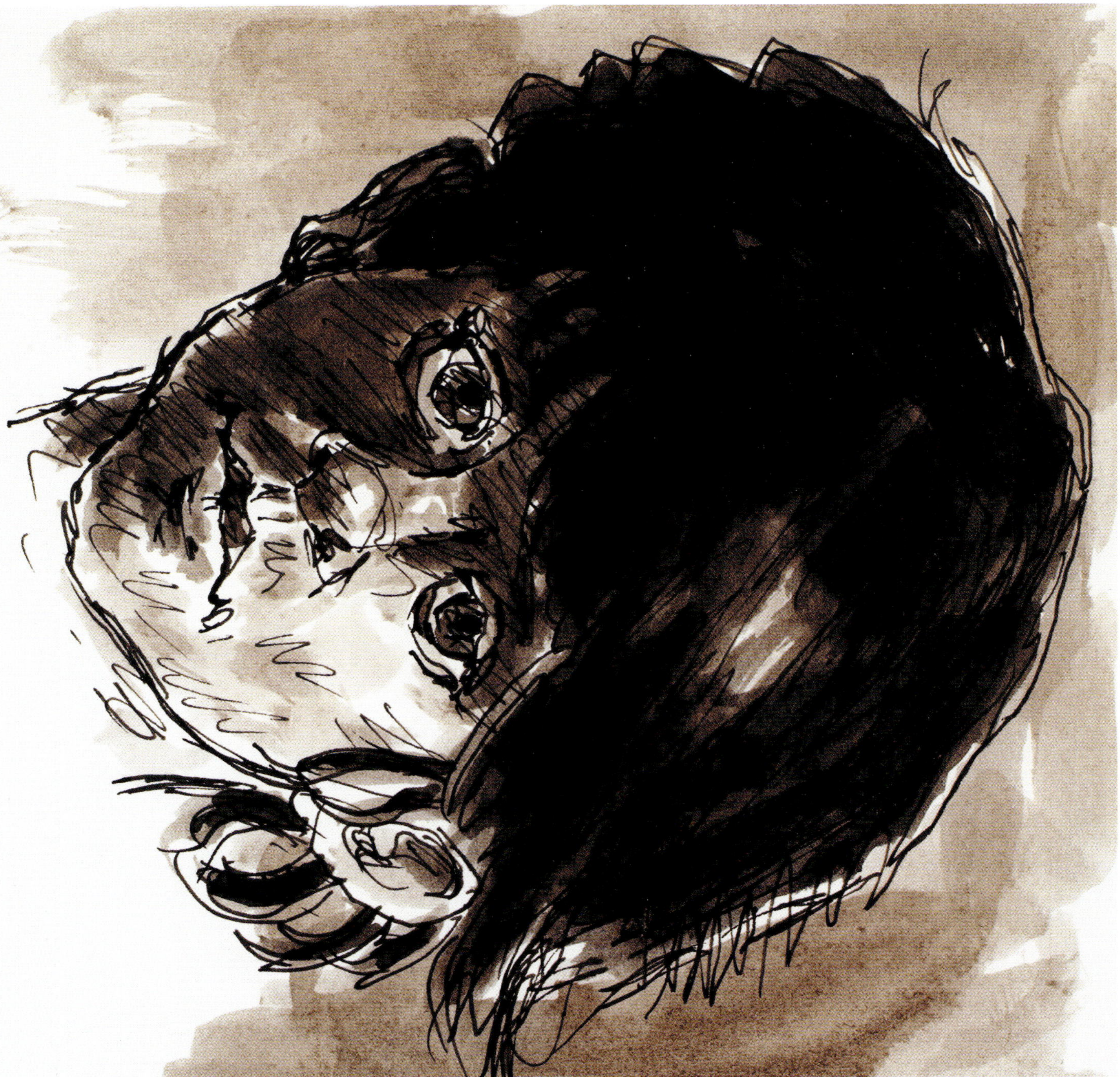

Norma

t. / p. 195)
PG2834 / 16

Tirluniau
Landscapes

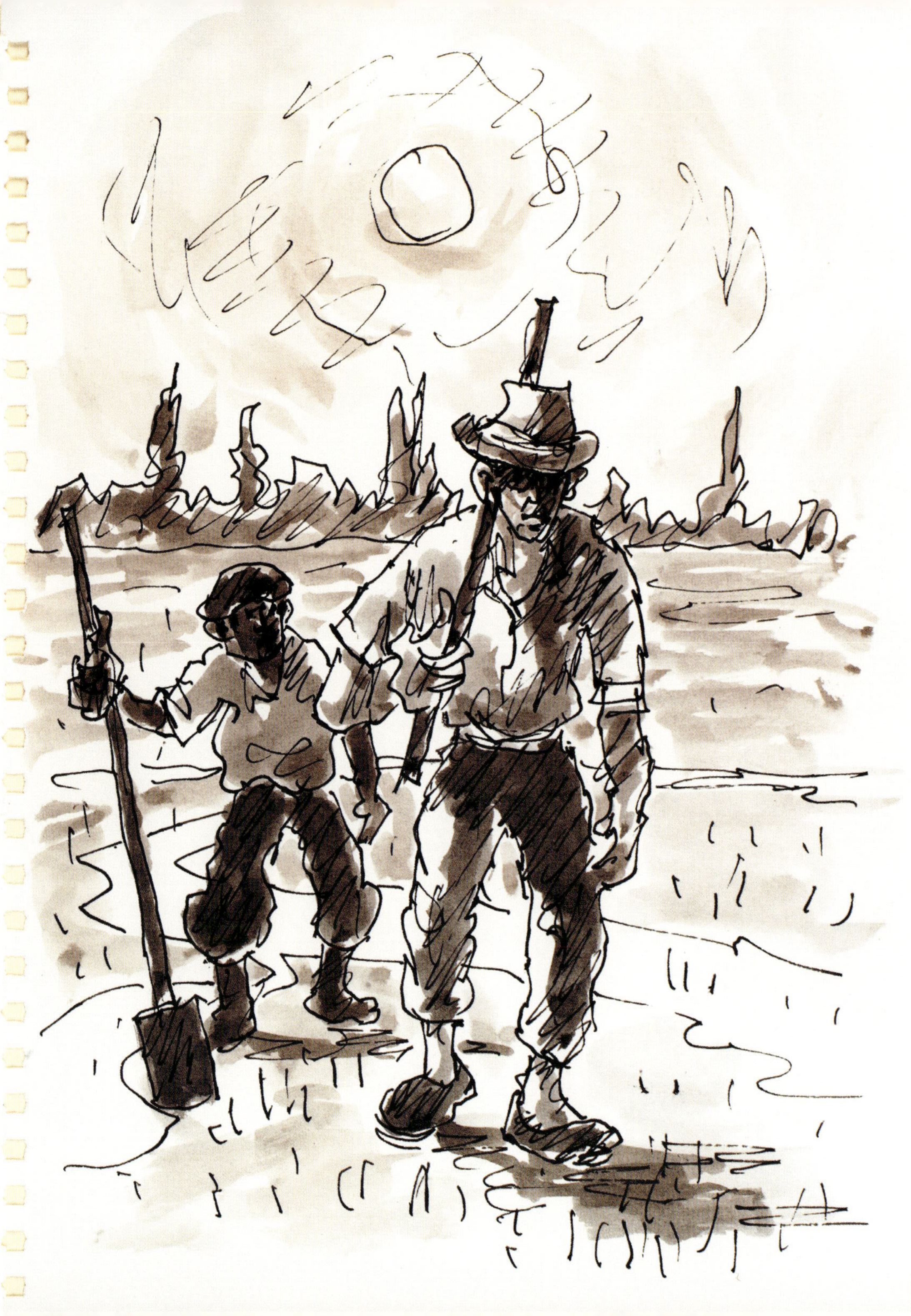

Amaethwyr yn dychwelyd o'u gwaith [Euros Hughes]

Farmers returning from work [Euros Hughes]

(t. / p. 119)
PG2834 / 28

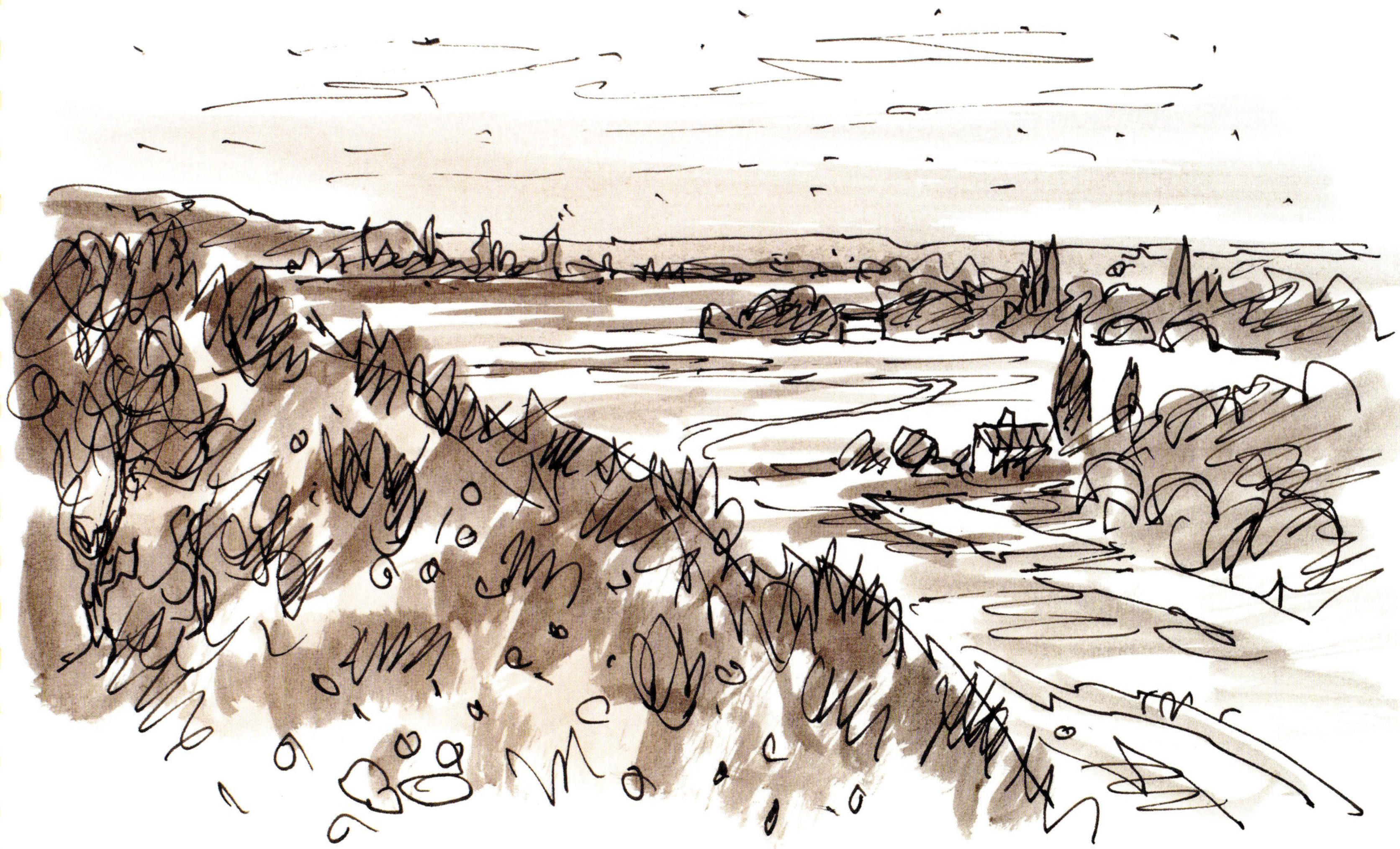

Golygfa ar hyd y dyffryn | *Looking up the valley*

(t. / p. 126) PG2834 / 17

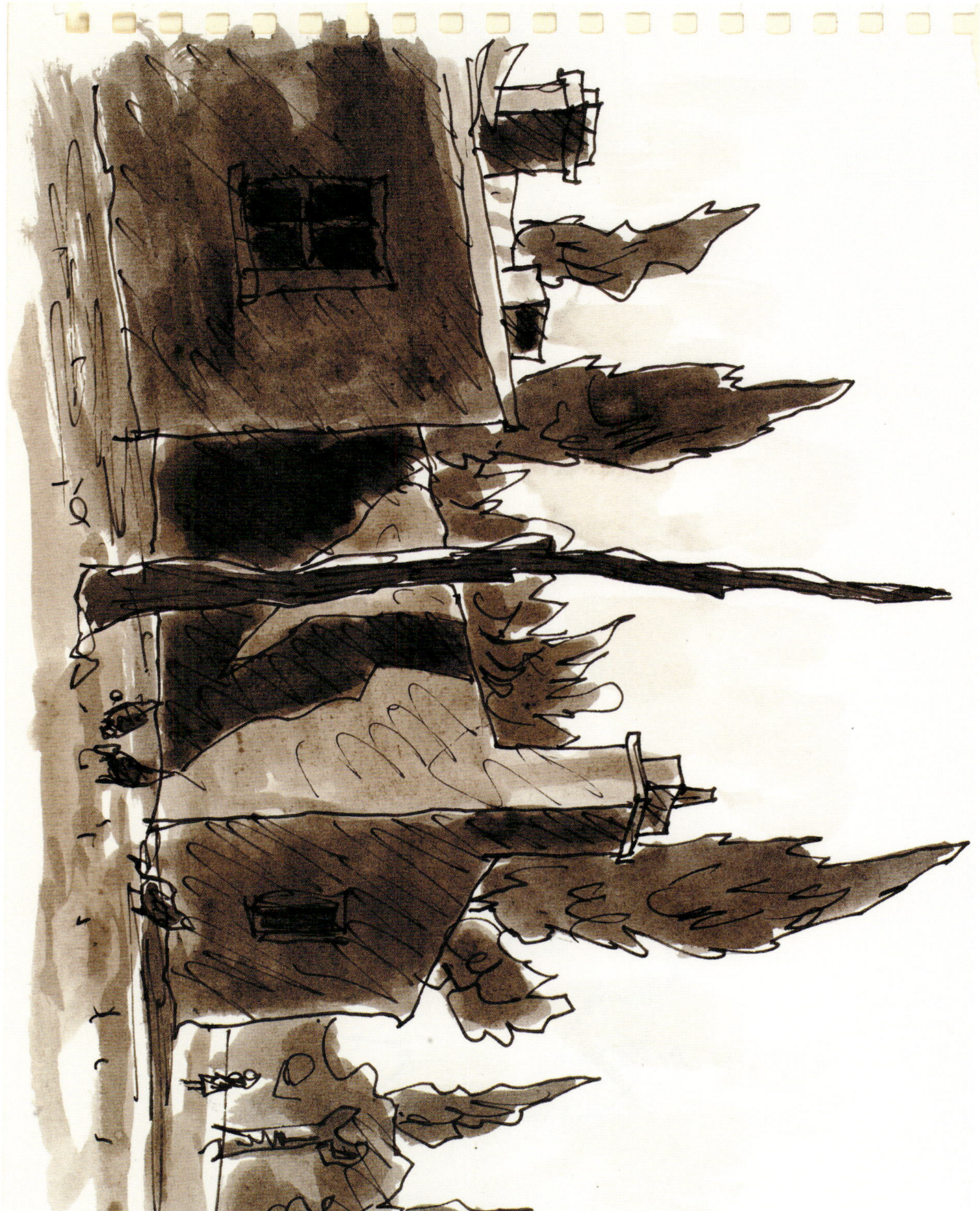

Tai yn Nhrelew | *Houses at Trelew*
(t. / p. 139) PG2834 / 25

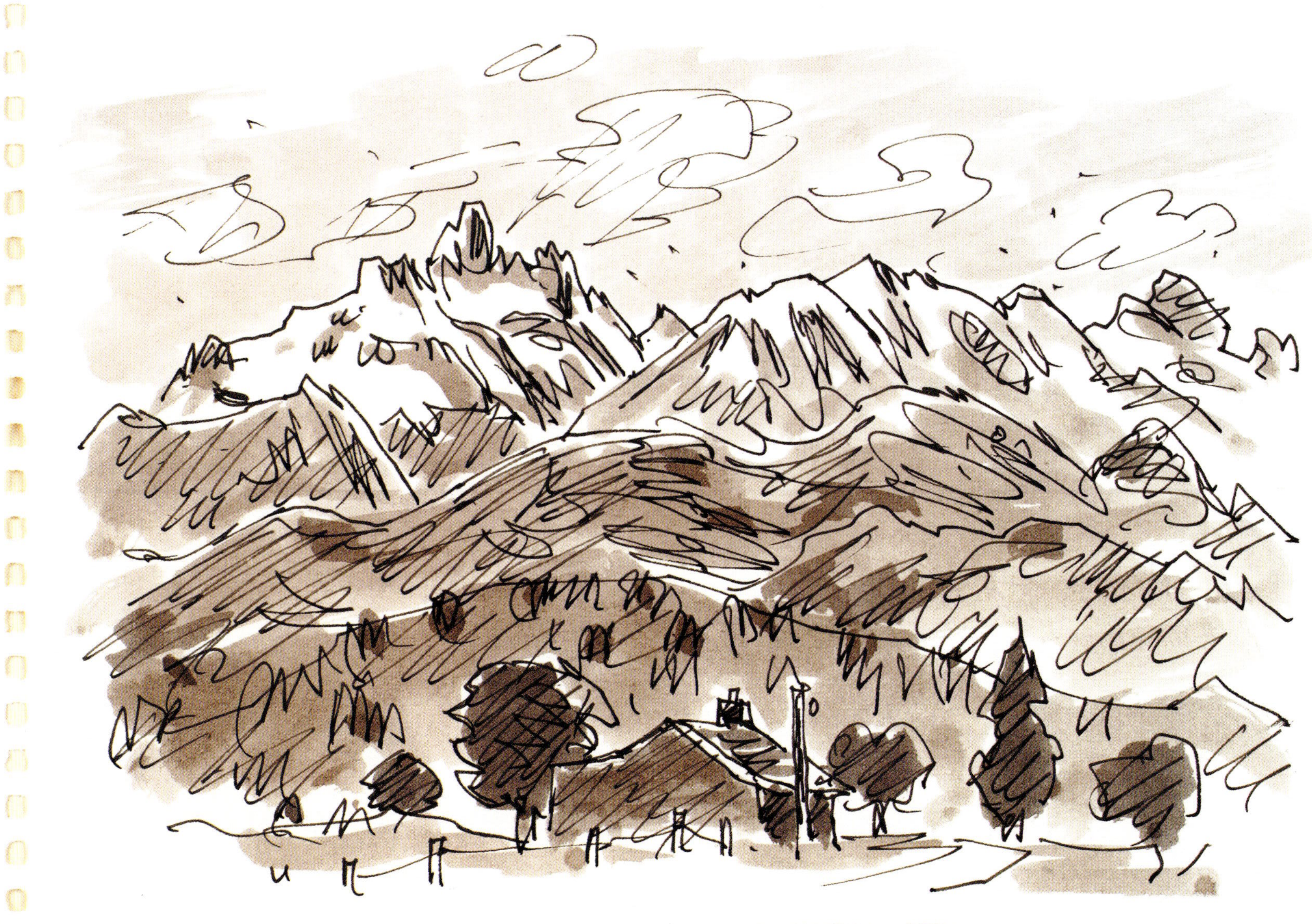

Yr olygfa o Drevelin
tua Gorsedd y Cwmwl

*Looking from Trevelin
towards Gorsedd y Cwmwl*

(t. / p. 169) PG2834 / 7

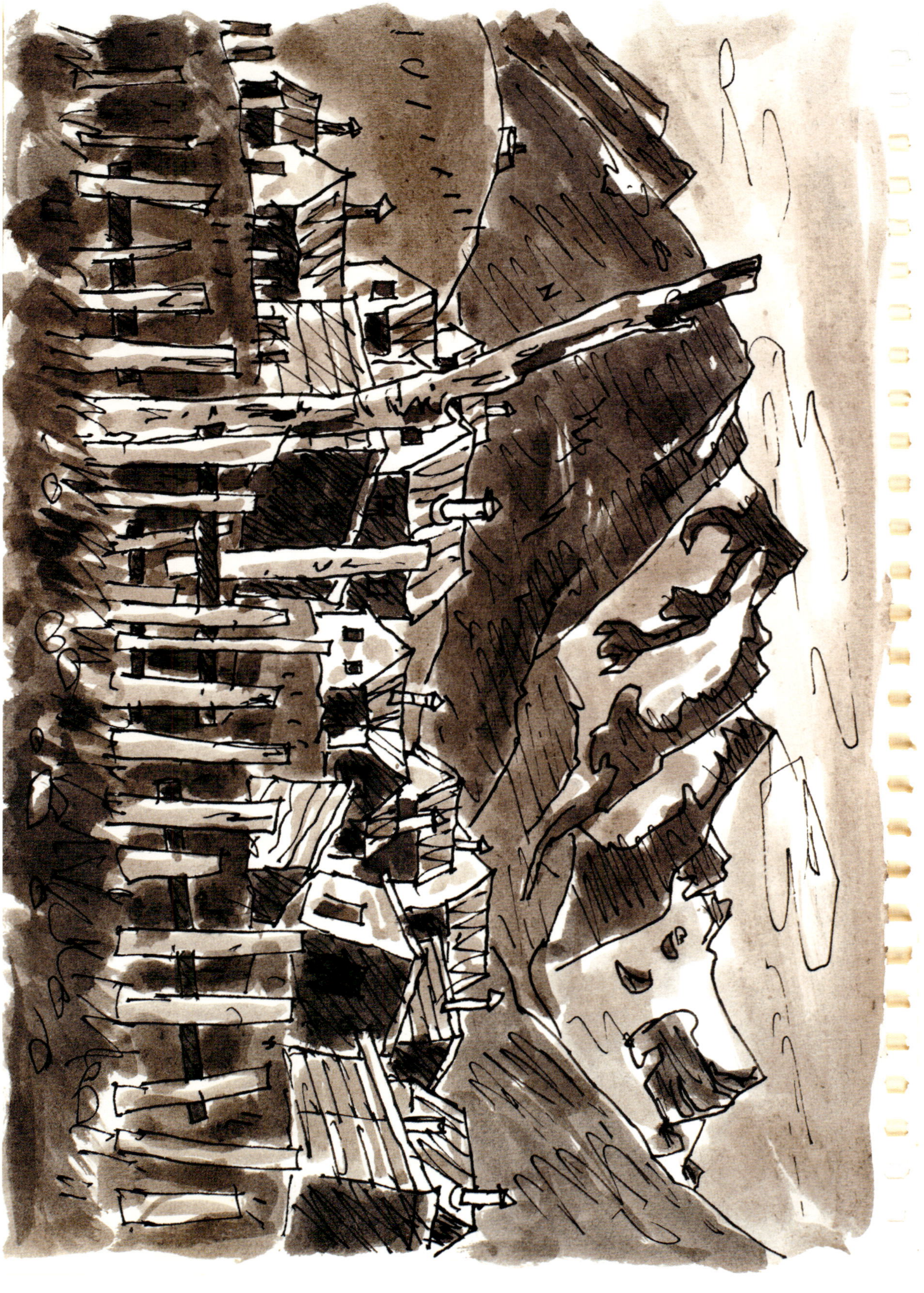

Edrych dros Drevelin tua Gorsedd y Cwmwl | *Looking across Trevelin towards Gorsedd y Cwmwl*
(t. / p.185) PG2834 / 12

Adar ac anifeiliaid
Flora and Fauna

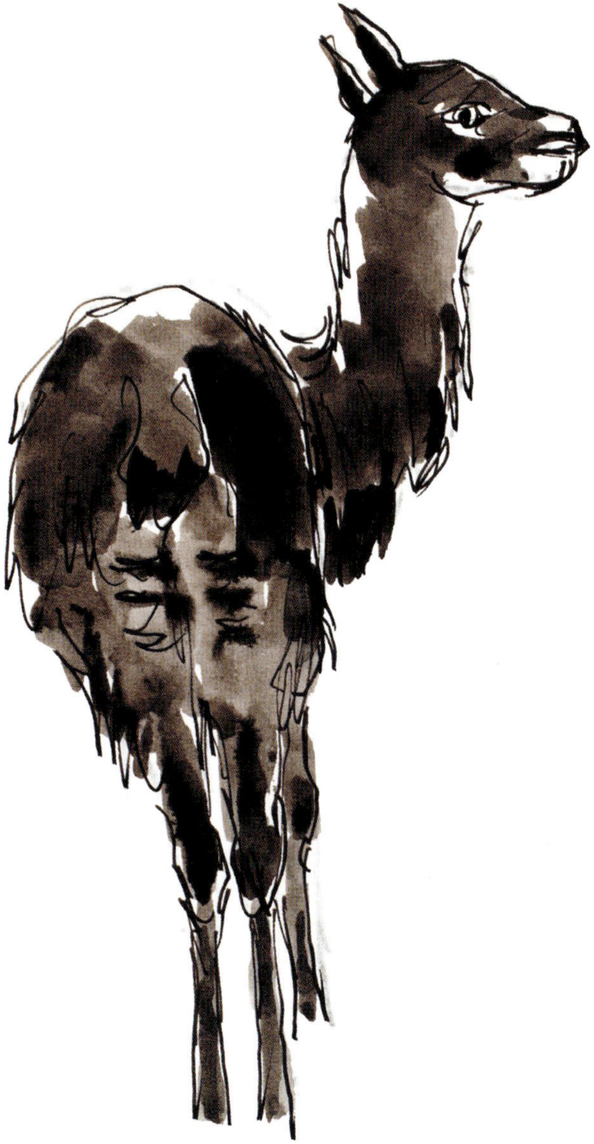

Guanaco

(t. / p. 125)
PG2834 / 29

Pat, Cwm Hyfryd
(heb ei gynnwys yn *A Wider Sky*)

Pat, Cwm Hyfryd
(not illustrated in A Wider Sky*)*

PG2834 / 6

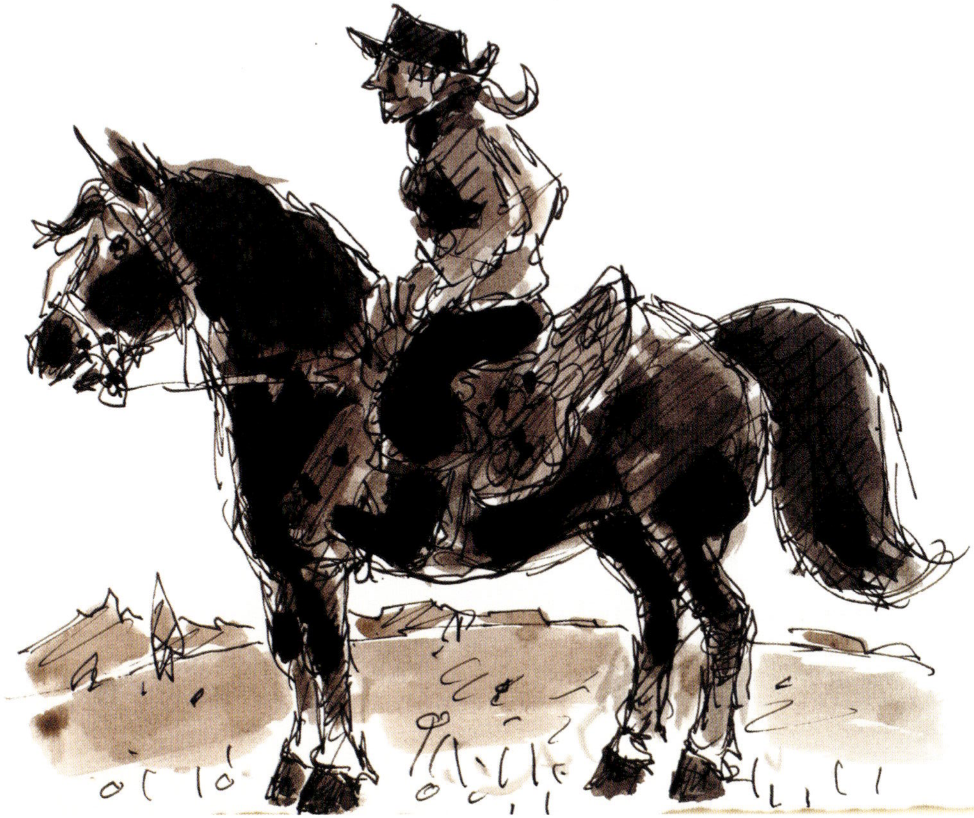

Parot / Parrot,
Dyffryn Camwy

(t. / p. 144)
PG2834 / 23

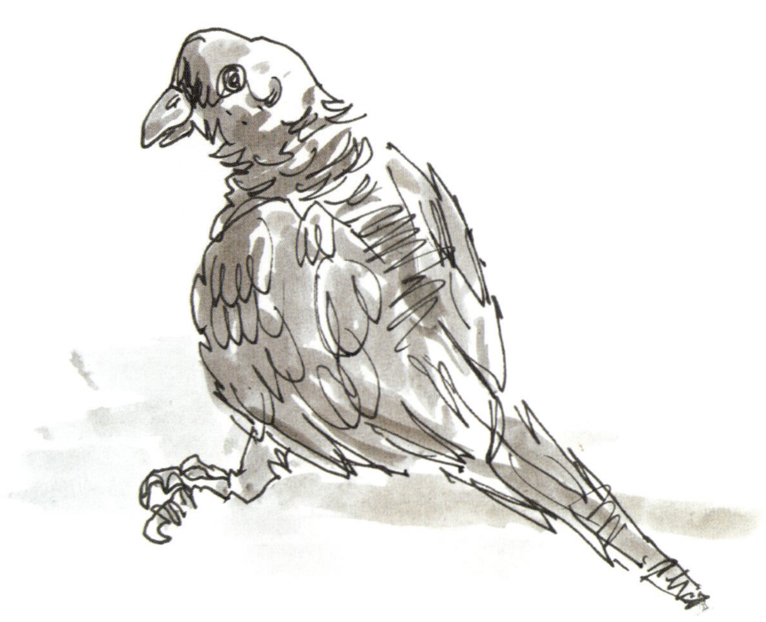

Ceffylau yn tynnu car llusg
gyda Ceri Ellis yn Lle Cul

Horses pulling a sledge with
Ceri Ellis at Lle Cul

(t. / p. 146)
PG2834 / 22

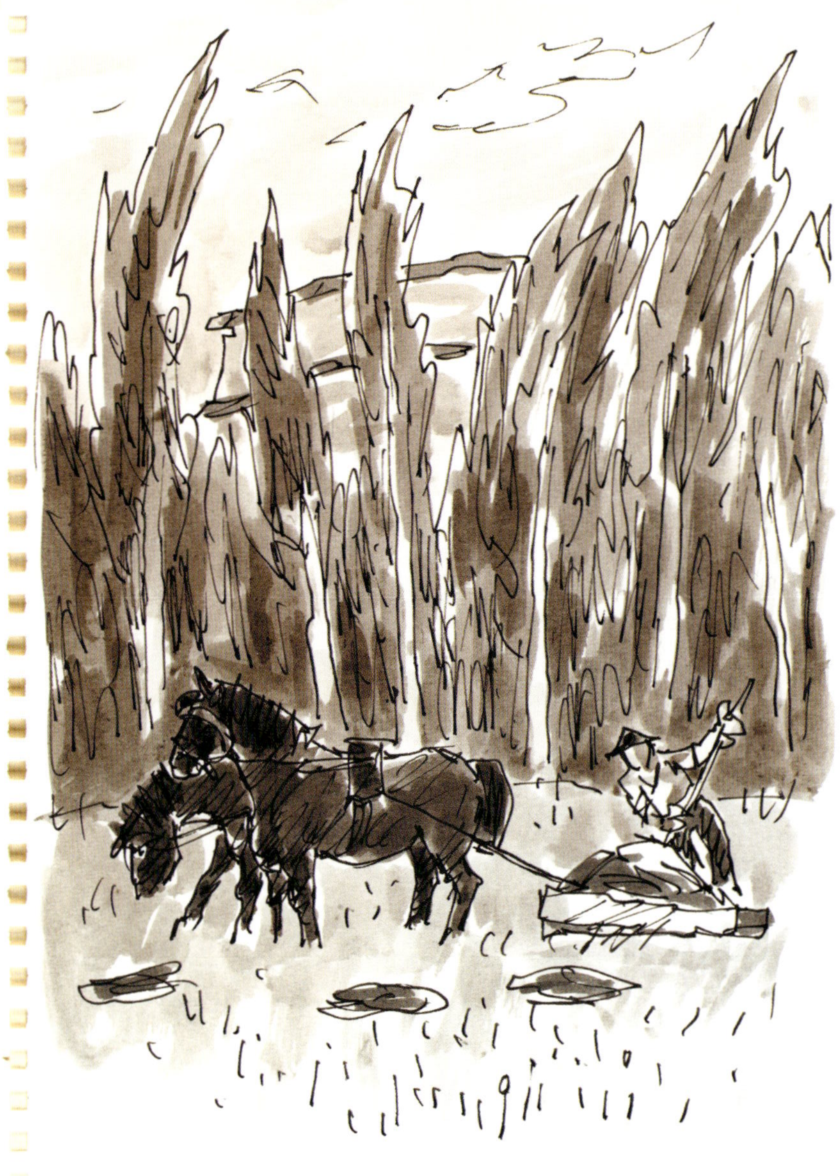

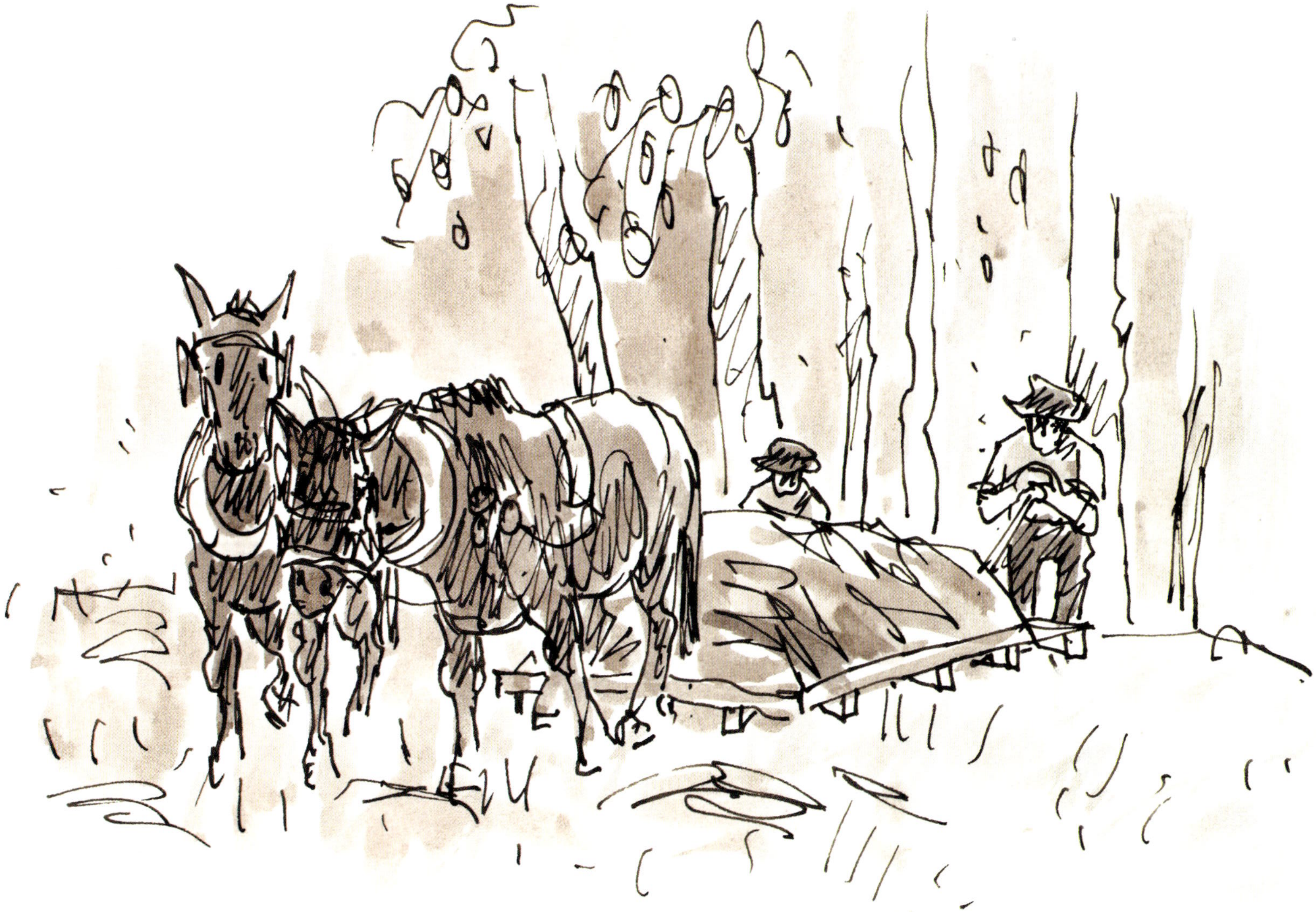

Ceffylau yn tynnu car llusg
gyda Ceri Ellis yn Lle Cul

*Horses pulling a sledge
with Ceri Ellis at Lle Cul*

(t. / p. 149) PG2834 / 21

Cola a chi arall yn ymladd

Cola and another dog sparring

(t. / p. 156) PG2834 / 20

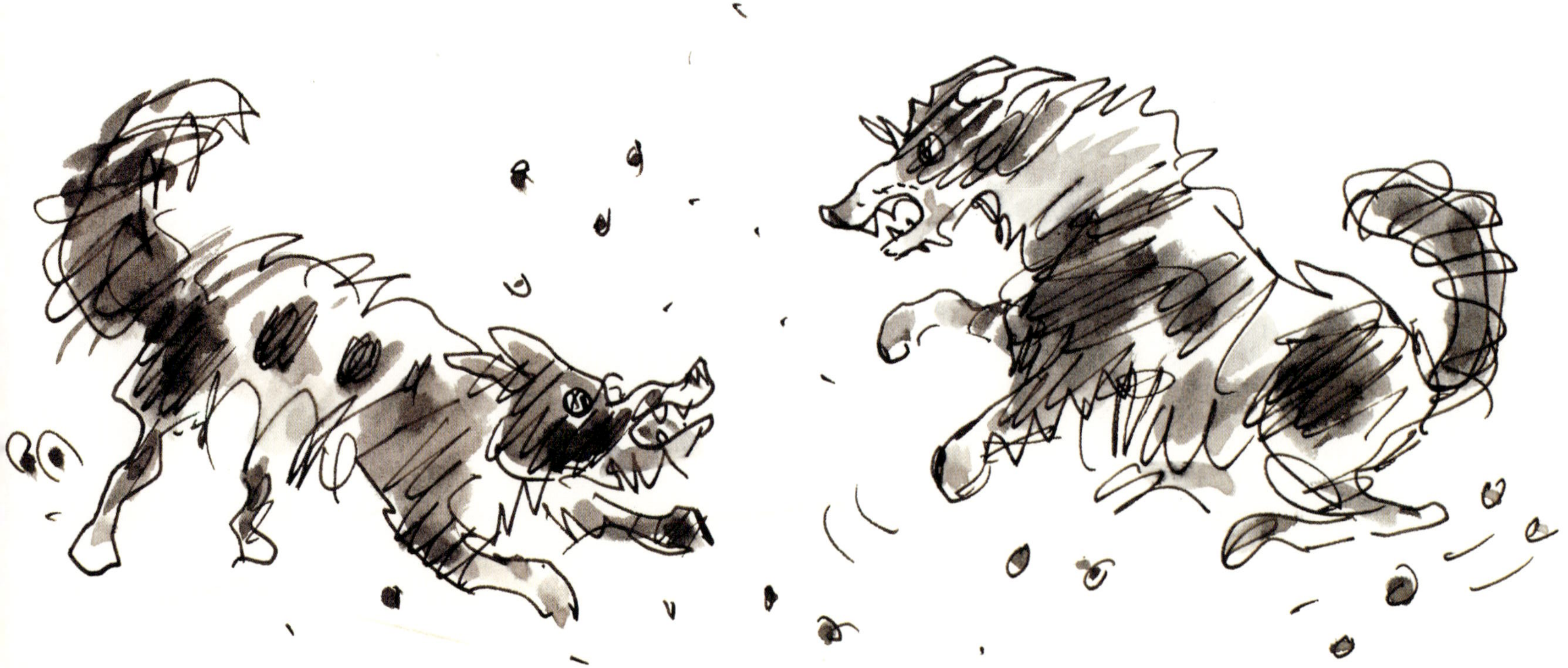

Map, taflen a phrint
Map, exhibition leaflet and print

Map o diriogaeth Chubut a gyhoeddwyd yng nghyfrol Lewis Jones, *Hanes y Wladva Gymreig* (Caernarvon, 1898)

Map of Chubut territory published in Lewis Jones's volume Hanes y Wladva Gymreig *(Caernarvon, 1898)*

TERRITORIO CHUBUT

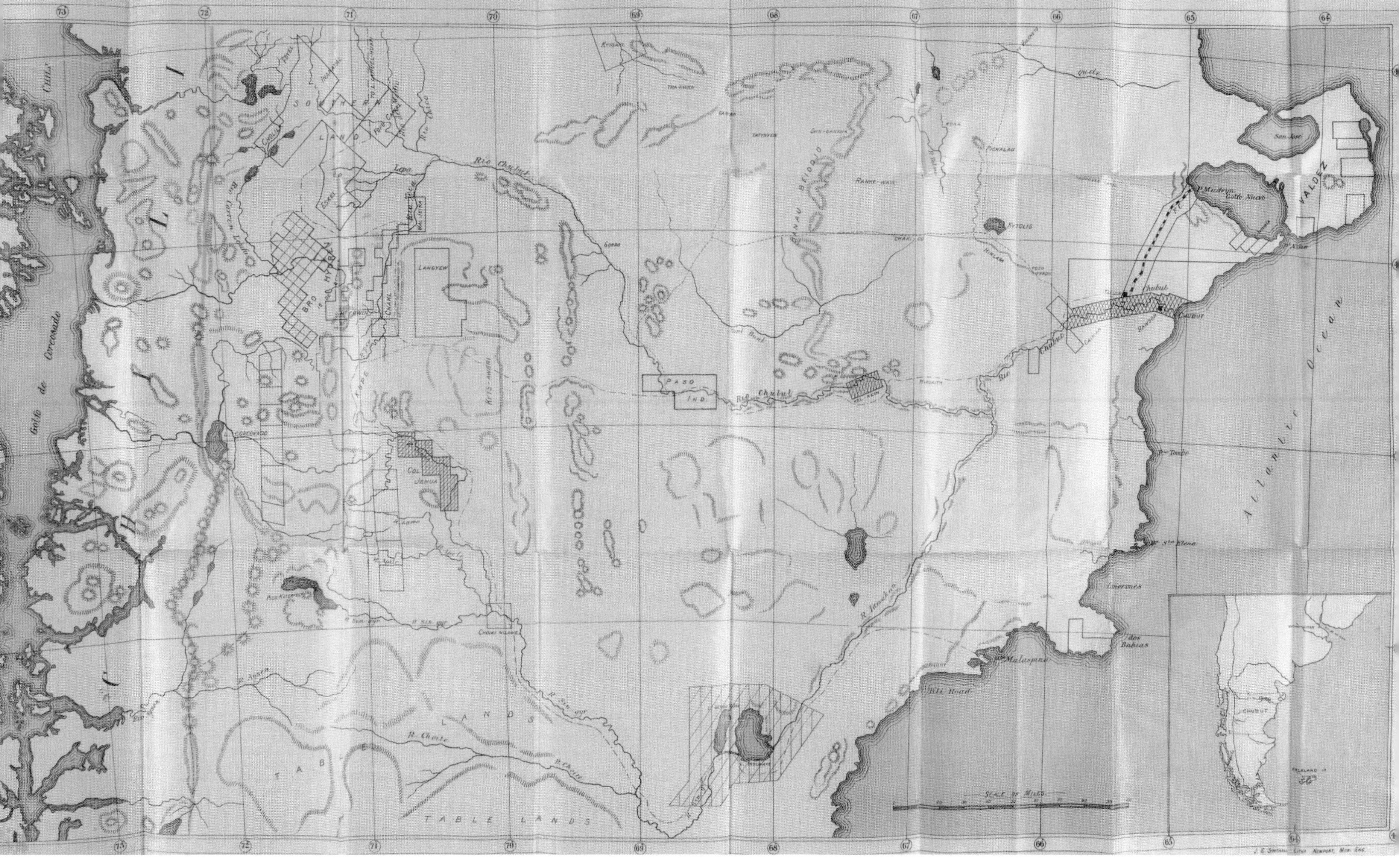

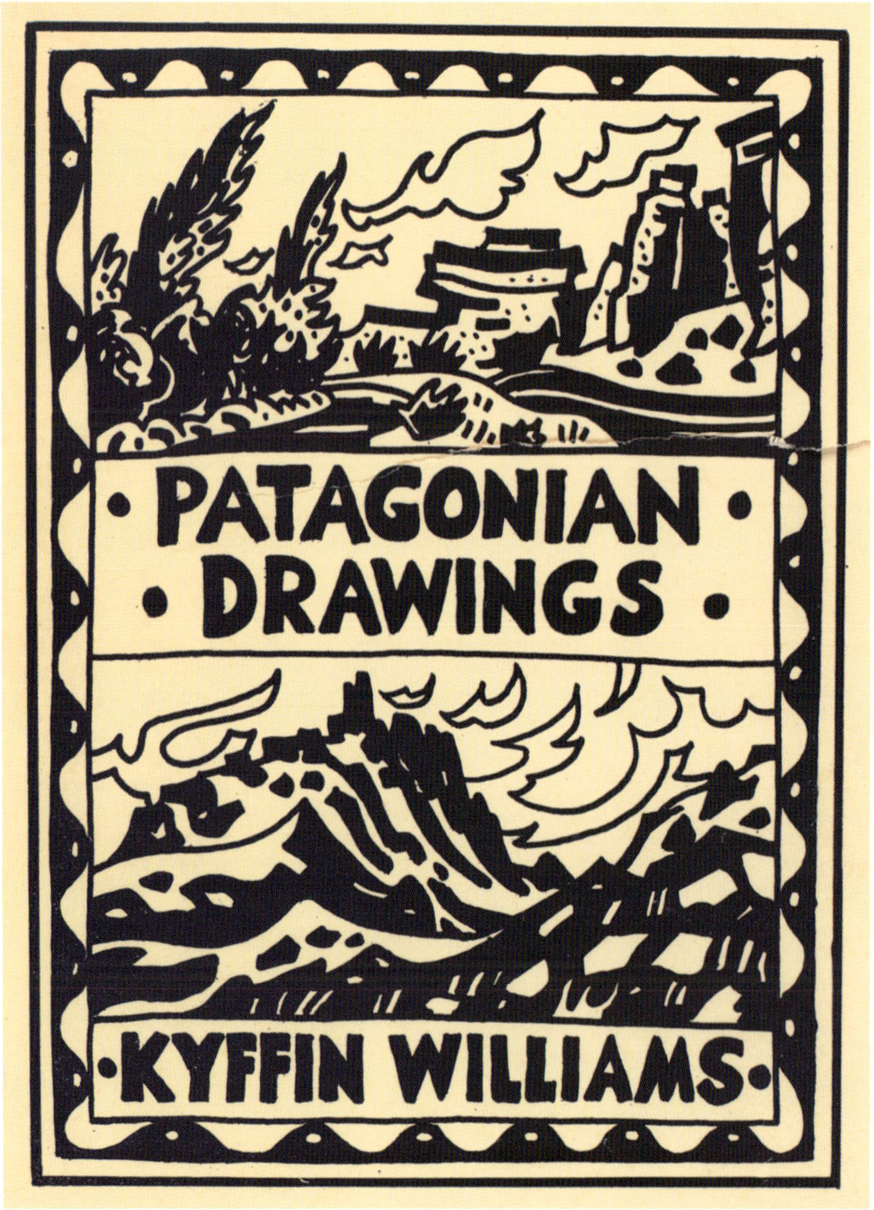

Taflen arddangosfa o ddarluniau'r Wladfa, a drefnwyd gan Gymdeithas y Celfyddydau yng Ngogledd Cymru tua 1970

Exhibition leaflet of Patagonian drawings, organised by the North Wales Association for the Arts, c. 1970

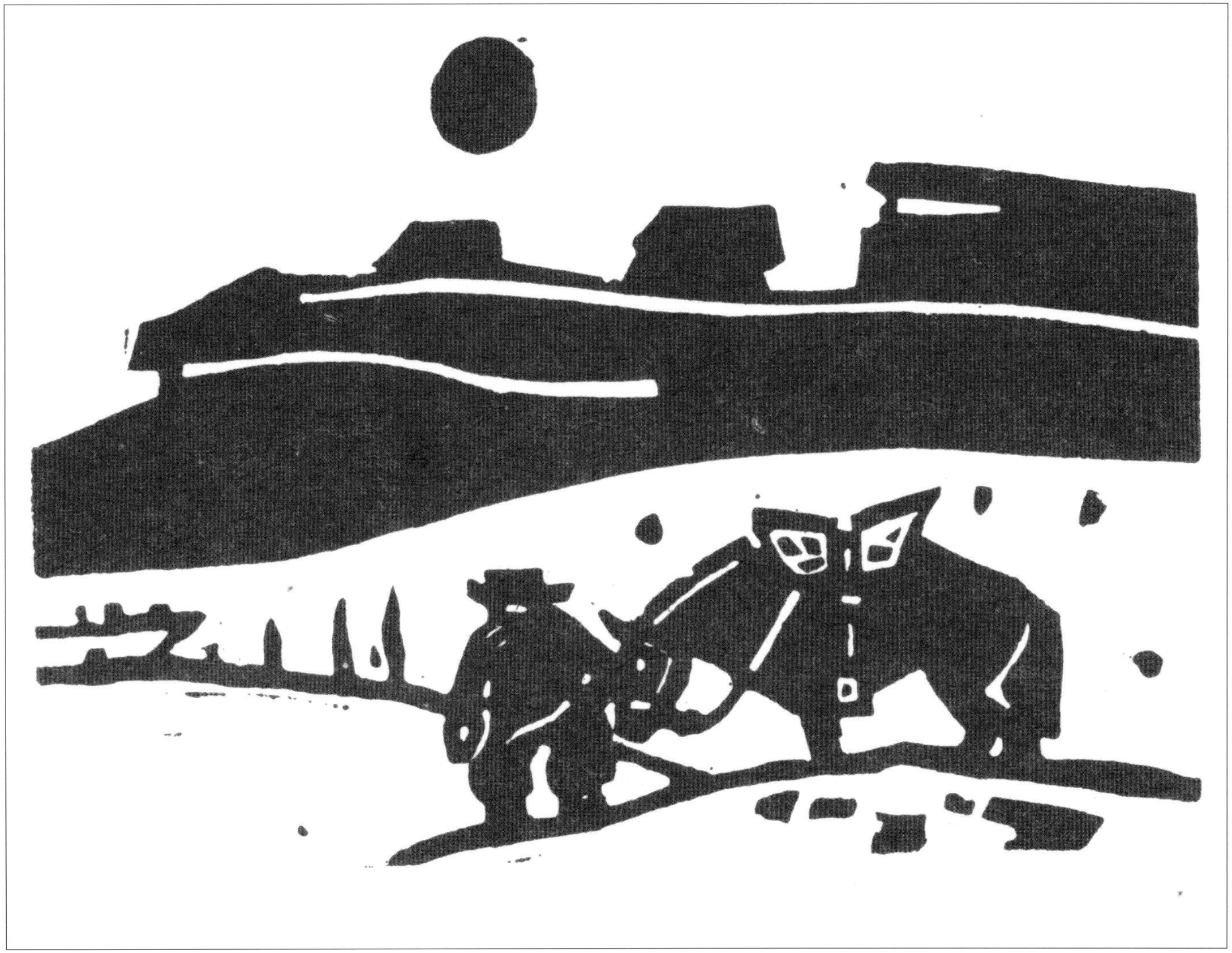

Toriad leino gan Kyffin Williams o'r gyfrol Bruce Chatwin & Paul Theroux, *Patagonia Revisited* (Wilton, 1985)

Lino cut by Kyffin Williams in Bruce Chatwin & Paul Theroux, Patagonia Revisited *(Wilton, 1985)*

Rhestr lluniau
Illustrations

Sleidiau o'r Wladfa gan yr arlunydd
Slides taken by the artist in Patagonia

Henry Roberts
Eglwys Llanddewi / *Llanddewi Church*
Kenny Evans, Drofa Dulog, Dyffryn Camwy
Un o gerrig beddi Dyffryn Camwy wedi ei cherfio gan Humphrey Williams, Bangor / *A Dyffryn Camwy gravestone carved by Humphrey Williams, Bangor*
Gyrwyr bws Lewis Jones o Drelew / *The Lewis Jones bus drivers at Trelew*
Hen Gastell
Fferm teulu'r Reynolds, Lle Cul / *The Reynolds family farm at Lle Cul*
Ger Trevelin / *Near Trevelin*
Cwm Hyfryd
Ger Futalaufquen, i'r gorllewin o Drevelin / *Near Futalaufquen, to the west of Trevelin*
Chimango
Gaucho ger La Pampa / *Gaucho near La Pampa*

Dyfrlliwiau a brasluniau wedi eu llunio yn y Wladfa
Drawings and watercolours produced in Patagonia

Blwch pren a luniwyd ar gyfer y dyfrlliwiau a'r dyluniadau gan saer coed yn Y Wladfa / *The wooden box constructed for the watercolours and drawings by a Patagonian carpenter*
Siaced ddenim ysgafn a het a wisgwyd gan yr arlunydd tra'n gweithio ar ei ddyluniadau a'i ddyfrlliwiau awyr agored / *The artist's light denim jacket and hat which he wore whilst working on his* en plein air *drawings and watercolours*

Portreadau / *portraits*
Myfi yn rhydio'r Rio Percy / *Myself fording the Rio Percy* (AGC / NMW A 26043)
Brychan Evans dyfrlliw / *watercolour* PB7114
Ceri Ellis, Lle Cul dyfrlliw / *watercolour* PB7106
Ceri Ellis yn yfed *mate* / *Ceri Ellis drinking* mate pensil a dyfrlliw / *pencil and watercolour* PB7138
Ceri Ellis yn gwisgo het / *Ceri Ellis in a hat* pensil a dyfrlliw / *pencil and watercolour* PB7146
Teulu Reynolds yn Lle Cul / *The Reynolds family at Lle Cul* pensil a dyfrlliw / *watercolour and pencil* PB7122
Winston Churchill Rees dyfrlliw / *watercolour* PB7121
Evan Rees pensil a dyfrlliw / *pencil and watercolour* PB7154
Norma Lopez pensil a golch / *pencil and wash* 200313624

Tirluniau / *landscapes*
Ogofeydd Porth Madryn, man glanio y fintai gyntaf / *The caves at Porth Madryn, where the first settlers landed gouache* PB7115
Pentre Sydyn dyfrlliw / *watercolour* PB7135

Dyffryn Camwy
Gaiman dyfrlliw, pen a phensil / *watercolour, pen and pencil* 200211179
Ar hyd y Ffos / *Along the Ffos* dyfrlliw a phensil / *watercolour and pencil* PB7117
Y stryd fawr, Dolavon / *The main street at Dolavon* pen ac inc / *pen and ink* PB7123
Olwynion dŵr yn Nolavon / *Water wheels at Dolavon* pensil a dyfrlliw / *watercolour and pencil* PB7101
Hen Gastell, Dyffryn Camwy, dyfrlliw, golch pen ac inc / *watercolour, pen and ink wash* PB7133
Eglwys Llanddewi / *Llanddewi Church* pen ac inc / *pen and ink* PB7157
Capel Bryn Crwn / Bryn Crwn Chapel pen ac inc / *pen and ink* PB7140
Hen dŷ Gaiman / *Old House in Gaiman* pen ac inc / *pen and ink* PB7151
Machlud dros Dyffryn Camwy / *Sunset over Dyffryn Camwy* gouache a dyfrlliw / *gouache and watercolour* PB7129

Lle Cul
Creigiau Lle Cul rhif 1 / *Rocks at Lle Cul no.1* dyfrlliw / *watercolour* PB7120
Los Altares *gouache* PB7139
Golygfa ger Los Altares / *Landscape near Los Altares gouache* PB7132
Creigiau ger Las Plumas / *Rocks near Las Plumas gouache* PB7131
Ffordd yn croesi'r Paith / *Road across the Desert* AGC / NMW A 17589

Cwm Hyfryd

Tirlun panoramig o Gorsedd y Cwmwl ar ddau ddarn o bapur, dyddiedig 13 Rhagfyr 1968 / *Panoramic view on two sheets of paper of the Gorsedd y Cwmwl range, dated 13 December 1968* dyfrlliw a phensil / *watercolour and pencil* PB7126

Edrych o Drevelin tua Gorsedd y Cwmwl / *Looking from Trevelin towards Gorsedd y Cwmwl* dyfrlliw a phensil / *watercolour and pencil* PB7100

Min nos, Trevelin / *Evening at Trevelin* dyfrlliw a phensil / *watercolour and pencil* PB7107

Hwyrnos, Trevelin / *Evening over Trevelin* sialc a golch / *chalk and wash* AGC / *NMW* A 26044

Coryera fry uwchlaw Cwm Hyfryd / *Coryera high above Cwm Hyfryd* dyfrlliw a phensil / *watercolour and pencil* 200211153

Uwchben Futalaufquen / *Above Futalaufquen* pen ac inc gyda dyfrlliw / *pen and ink with watercolour* PG5367

Ceffylau a'u marchogion / *horses and their riders*

Gaucho yn Nhrevelin / Gaucho *at Trevelin* pen ac inc / *pen and ink* PB7110

Gaucho *gouache* a phensil / gouache *and pencil* PG5428

Gyrru gwartheg, Cwm Hyfryd / *Driving cattle, Cwm Hyfryd* pen ac inc / *pen and ink* PB7128

Ceffyl mewn gweirglodd, Pentre Sydyn, Ionawr 1969 / *Horse in a meadow, Pentre Sydyn, January 1969 pencil and watercolour* PB8937

Tad a mab uwchben Trevelin / *Father and son above Trevelin* dyfrlliw / *watercolour* Casgliad preifat / *Private collection*

Planhigion, adar ac anifeiliad / *Flora and Fauna*

Parot Patagonaidd, Lle Cul / *Patagonian Parrot, Lle Cul* dyfrlliw a phensil / *watercolour and pencil* PB7113

Astudiaethau adar o lyfr lluniadu Lle Cul rhif 2 / *Studies of birds from Lle Cul sketchbook no. 2* pensil a dyfrlliw / *pencil and watercolour* PB7156

Guanaco dyfrlliw / *watercolour* PB7141

Taglys a Chwcwll Sbaen ar lan y Ffos / *Bindweed and Spanish Hood on the edge of the Ffos, Dyffryn Camwy* dyfrlliw a phensil / *watercolour and pencil* PB7125

Helyg yn y gwynt, Cwm Hyfryd / *Willow in the wind, Cwm Hyfryd gouache* PB7105

Dau lun dyfrlliw a gyflwynwyd gan yr arlunydd i Amgueddfa Gaiman; ffotograffau gan Pamela Small, 2001 / *Two watercolours presented by the artist to Gaiman Museum and photographed by Pamela Small in 2001*

Lluniau olew

Oil paintings

Cyflwynwyd y palet a ddefnyddiwyd gan yr arlunydd i beintio'r holl luniau canlynol yn rhodd i Lyfrgell Genedlaethol Cymru. Fe ddengys yn glir sut y trefnai'r arlunydd ei liwiau. 200409250 / *The palette used by the artist to paint all the following oil paintings was donated to the National Library of Wales. It clearly shows how the artist organised his colours. 200409250*

Portreadau / *portraits*

Euros Hughes yn dyfrhau ei gaeau / *Euros Hughes irrigating his fields* PB7040

Henry Roberts, Bryngwyn, Patagonia 200211186

Tirluniau / *landscapes*

Ceffyl yn Lle Cul / *Horse at Lle Cul* 200000128

Los Altares 200202405

Lle Cul PG4823

Lle Cul PG4824

Dyffryn Camwy, Patagonia AGC / *NMW* A 2327

Helygen mewn gwynt / *Willow in wind*, Casgliad Castell Pictwn / *Picton Castle Collection*

Lluniau ar gyfer *A Wider Sky* (1991)

Illustrations for *A Wider Sky* (1991)

Y cynllun gwreiddiol ar gyfer rhwymiad arbennig o'r gyfrol a gynlluniwyd gan Julian Thomas Casgliad Preifat / *The original design for the special binding produced by Julian Thomas Private Collection*

Rhwymiad arbennig ar gyfer *A Wider Sky* / *Special binding for* A Wider Sky

Dyluniadau pen ac inc wedi eu paratoi ar gyfer y llyfr / *Pen and ink drawings prepared for the book*

Portreadau / *portraits*

Luis Gonzales (t. / *p.* 130) PG2834 / 27

Gaucho yng Nghwm Hyfryd / Gaucho *at Cwm Hyfryd* (t. / *p.* 166) PG2834 / 15

Paulino yn dal pioden y môr / *Paulino holding an oyster catcher* (t. / *p.* 175) PG2834 / 9

Norma (t. / *p.* 195) PG2834 / 16

Tirluniau / *landscapes*

Dyffryn Camwy

Amaethwyr yn dychwelyd o'u gwaith / *Farmers returning from work* (t. / *p.* 119) PG2834 / 28

Golygfa ar hyd y dyffryn / *Looking up the valley,* (t. / *p.* 126) PG2834 / 17

Tai yn Nhrelew / *Houses at Trelew* (t. / *p.* 139) PG2834 / 25

Cwm Hyfryd

Yr olygfa o Drevelin tua Gorsedd y Cwmwl / *Looking from Trevelin towards Gorsedd y Cwmwl* (t. / *p.* 169) PG2834 / 7

Edrych dros Drevelin tua Gorsedd y Cwmwl / Looking across Trevelin towards Gorsedd y Cwmwl (t. / *p.*185) PG2834 / 12

Adar ac anifeiliaid / *Flora and Fauna*

Guanaco (t. / *p.* 125) PG2834 / 29

Pat, Cwm Hyfryd (heb ei gynnwys yn *A Wider Sky*) / *(not illustrated in* A Wider Sky) PG2834 / 6

Parot / *Parrot*, Dyffryn Camwy (t. / *p.* 144) PG2834 / 23

Ceffylau yn tynnu car llusg gyda Ceri Ellis yn Lle Cul / *Horses pulling a sledge with Ceri Ellis at Lle Cul* (t. / *p.* 146) PG2834 / 22

Ceffylau yn tynnu car llusg gyda Ceri Ellis yn Lle Cul / *Horses pulling a sledge with Ceri Ellis at Lle Cul* (t. / *p.* 149) PG2834 / 21

Cola a chi arall yn ymladd / *Cola and another dog sparring* (t. / *p.* 156) PG2834 / 20

Map, taflen a phrint

Map, exhibition leaflet and print

Map o diriogaeth Chubut a gyhoeddwyd yng nghyfrol Lewis Jones, *Hanes y Wladva Gymreig* (Caernarvon, 1898) / *Map of Chubut territory published in Lewis Jones's volume* Hanes y Wladva Gymreig *(Caernarvon, 1898)*

Taflen arddangosfa o ddarluniau'r Wladfa, a drefnwyd gan Gymdeithas y Celfyddydau yng Ngogledd Cymru tua 1970 / *Exhibition leaflet of Patagonian drawings, organised by the North Wales Association for the Arts, c. 1970*

Toriad leino gan Kyffin Williams o'r gyfrol Bruce Chatwin & Paul Theroux, *Patagonia Revisited* (Wilton, 1985) / *Lino cut by Kyffin Williams in Bruce Chatwin & Paul Theroux,* Patagonia Revisited (Wilton, 1985)

Gwrthrychau o'r Wladfa (y cyfan o gasgliad yr arlunydd)

Objects from Patagonia (all from the artist's collection)

Tudalen / *page* 11
Gowrd *mate* a *bombilla* / *A mate gourd with* bombilla

Tudalen / *page* 16
Jwg *mate* a gyflwynwyd i'r arlunydd wrth iddo ymadael â Dyffryn Camwy / *A* mate *jug given to the artist on leaving Dyffryn Camwy*

Tudalen / *page* 20
Tair cragen a ddarganfuwyd ar y ffordd wrth gyrraedd Lle Cul / *Three shells discovered on the road on the way to Lle Cul*

Tudalen / *page* 21
Dau flaen saeth gan frodorion Patagonia ac ewin llew mynydd a roddwyd i'r arlunydd ar ei ymadawiad â'r Wladfa / *Two Patagonian native arrow-heads and a puma claw given to the artist on his departure from Patagonia.*